ジークフリート・ナスコ
青山孝徳 訳

カール・レンナー 1870-1950

Karl Renner

成文社

日本語版への著者序文

カール・レンナーは、二〇世紀前半ヨーロッパの社会民主主義者のうちでも、おそらく屈指の人物と考えられる。

レンナーは、モラヴィア［メーレン］南部の貧しいぶどう栽培農家に十七番目ないし十八番目の子供として、一八七〇年に生まれた。ウィーン［大学］で法律を学んで、帝国議会図書館員となる。二八歳から社会・経済問題、法律問題の著作を発表し、［ハプスブルク］帝国がかかえる民族問題を、属人主義にのっとって解決する提案を行った。また消費生活協同組合に関与する。一九〇七年に帝国議会議員となり、翌一九〇八年には［下オーストリア］州議会議員にも選出された。レンナーがその一生を通じて意を注いだのは、大多数の人々の生活を改善することだった。だからこそ、かれは社会民主主義者になったのである。社会民主主義の理想は、長い時間をかけて実現するだろうと信じた。そこで、あらゆる類の武装闘争に背を向けた。国家はひとびとの全体利益を代表し、民主主義は変革のための梃であり、国家権力に歩み寄ることが必要だと考えた。第一次世界大戦中は、食糧配給に尽力し、また帝国の首相職等を求めて［皇帝と］折衝を行った。ただし、［所属する］社会民主党の方針に背くことはなかった。ハプスブルク帝国のために積極的に活動したことにより、党内左派から激しい批判を招いたが、一九一八年一〇月末には、保守との連立政権の初代首相に就任した。一九一九年には、［仏］サン・ジェルマンで開催された講和会議に、共和国代表として赴いた。小粒になったオーストリアの生存可能性を、レンナーもまた信じることができなかった。［講和条約によって］民主的なドイツと合邦することが禁止されたことは、痛恨事だった。［一九二〇年］憲法が制定されて、社会民主党は野に下った。一九二二年、レンナーは労働者銀行を設立し、頭取としてかじ取りを担った。そして次々とやって来る経済危機を乗り切った。かれはいつも、妥協を唱える者と思われていた。社会民主党の党略を優先して、［一九三三年］レンナーが国会議長を辞任したとき、それは致命的な連鎖反応［副議長二人も辞任］を引き起こした。キリスト教社会党と護国団からなるエンゲルバート・ドルフース政権はこれを利用して、民主主義を排除し、権威的職能身分代表制国家を打ち立てた。これに抗する労働者は、一九三四年二月一二日に蜂起し、血が流れた。レンナーは、対立する陣営の架橋をいつも試みる者であったにもかかわらず、一〇〇日にわたって勾留された。一九三八年四月には、［ナチス］ドイツとの「合邦」に「賛成」する者として、かれの名はメディアに喧伝された。それは、［ドイツとの］合邦に賛成しても、勇気を奮い起こして、はっきりナチス独裁に距離を置き、「残酷な人種差別体制」だと弾劾したにもかかわらずのことだった。一九三八年［九月］、戦勝国がミュンヘン協定で、独裁者ヒットラーにズデーテンラントの割譲を約したことは、レンナーにとって驚きだった。それは一九一九年［の講和会議で］、民主主義者のレンナーに拒否されたものだったからである。第二次世界大戦中、レンナーは、下オーストリア州の山間の地［グログニッツ］に暮らして、予期されるナチス国家の崩壊に備えた。一九四五年四月、レンナーは［進攻してきた］赤軍に対し、共和国再建への協力を申し出た。ちょうどそのころ、スターリンが、レンナーを探し出そうとしていた。［レンナー政権を］連合国四か国すべてが承認して、最初の総選挙を終えた一九四五年一二月、レンナーは［第二次共和国］初代連邦大統領に就任した。かれは大統領として国家条約締結を強く求め、オーストリアの中立実現を掲げて、ヨーロッパの統合を願った。一九五〇年一二月三一日、逝去。

カール・レンナーという、歴史の大きな変転を生きぬき、多様な側面（政治家、法律家、著述家、教育者、詩人）をもった一人の偉大なオーストリア人を、日本の皆様に紹介できることは大きな喜びである。

下オーストリア州　ザンクト・ペルテン郊外　ピューラ　二〇一五年夏

ジークフリート・ナスコ

カール・レンナー　1870―1950　【目次】

凡例

一、本書は、Siegfried Nasko: Karl Renner, in: Friedrich Weissensteiner und Erika Weinzierl (Hg.), Die österreichischen Bundeskanzler. Leben und Werk, Wien 1983, S. 24-52 u. 240-264 を訳したものである。ただし、原文前半部分の前書き（二四頁）と後半部分の前書き（二四〇頁）は、著者の了解のもとに削除し、ウィーンの「ドクター・カール・レンナー記念地協会」が二〇〇七年に出版した八〇頁ほどの冊子 Siegfried Nasko: Karl Renner – vom Bauernsohn zum Bundespräsidenten, Katalog und Dokumentation zur Dauerausstellung の九頁、「稀有な政治家」と題する短い章を本書の前書きとした。

二、原文のタイトルは、前半が「カール・レンナー　１８７０—１９５０」、後半が「カール・レンナー　職能身分代表制国家から第二次共和国へ」である。本書では著者の了解のもと、「カール・レンナー　１８７０—１９５０」とした。

三、次に付録部分について。本書の付録４は、上記協会冊子の四六—四七頁、付録５は、七八—七九頁に対応している。さらに付録１から３は、参考資料として追加・翻訳したもので、Siegfried Nasko: Karl Renner in Dokumenten und Erinnerungen, Wien 1982 から取った（付録１、五〇—五三頁、付録２、一三一—一三二頁、付録３、一四八—一五〇頁）。なお、付録２、３については、矢田俊隆『オーストリア現代史の教訓』刀水書房 一九九五年 一六〇—一六二頁および一七一—一七四頁の訳を参照させていただいた。

四、地名表記では、歴史的地名の初出に現在の地名を付記した。（たとえば、ニコルスブルク［ミクロフ］。）また、人口に膾炙していると思われる英語の地名を用いた場合、初出時に歴史的地名あるいは現在の地名を付記した。（たとえば、ボヘミア［ベーメン］、サクソニー［ザクセン］。）なお、現在の地名が判明しない場合は、歴史的地名のままに残した（たとえば、パルンドルフ。）

五、原文では、オーストリアの近・現代史の基本的知識を前提に、いっさい注が付されていない。しかし、日本の読者の便宜を考え、人名・事項に多くの訳注をつけた。通し番号にして巻末におかれている。

六、原文には引用・典拠についても詳細な記載がない。興味のある方は、著者の以下の二作 Nasko, S. (Hg.): Karl Renner in Dokumenten und Erinnerungen, Wien 1982; Nasko, S. u. R. Reichl: Karl Renner. Zwischen Anschluß und Europa, Wien 2000 を参照されたい。

七、本分中の鍵括弧［ ］は、訳者による補注である。

八、巻末に掲げた地図は、リチャード・リケット（青山孝徳 訳）『オーストリアの歴史』成文社 一九九五年より採った。

九、カバーの写真を含め、挿入写真はすべて、グログニッツのカール・レンナー博物館（Dr. Karl Renner-Museum für Zeitgeschichte Gloggnitz）から提供を受けた。ここに記して深く感謝する。

カール・レンナー　１８７０―１９５０

序

「生涯で二度も共和国を樹立するなどということは、わずかな者しか成しえない。一方、一度目の共和国が倒れても生き延びて、二度目の共和国の存続を確信できた者はこれまでいなかった。」ロンドンで発行される『オブザーバー』紙は一九四六年、政治家レンナーが類まれな存在であることを、このように書いた。他のわずかな例をあげてみよう。シャルル・ド・ゴール(1)は、一九四四年にフランス第四共和国を、そして一九五八年に第五共和国を樹立している。フィンランドの将軍マッナヘイム(2)は、［独立して間もない］祖国の国際的承認を一九一八―一九年に取り付け、一九四四年から一九四六年まで大統領として復帰した。アルゼンチンではフアン・ドミンゴ・ペロン(3)が、一九四六年に独裁者として権力を握り、一九七三年に、権限は非常に限られていたが、再び権力の座についた。

さて、二度にわたり首相を務め、さらに連邦大統領となったレンナーは、八〇年の生涯の大半を国家と国民にささげた。その人生と活動には、五度にわたる国政の移り変わりが反映されている。祖国は、ハプスブルク帝政に始まり、第一次共和国、職能身分代表制国家(4)の独裁、さらにドイツによる併合を経て第二次共和国へと、変転を重ねた。

1　一八人兄弟姉妹の末子

カール・レンナーが一八七〇年、ハプスブルク帝室領であるモラヴィアに生まれたとき、ハプスブルク多民族帝国の人口は、ほぼ三六〇〇万人を数えた。帝国はレンナーが生まれたこの年、ローマ法王の無謬性という教義発表をうけ、教皇庁との政教条約を［帝権への干渉を恐れて］破棄した。その三年前にはハンガリーとの妥協(5)が成っていた。続いて結社自由法、団体法、帝国国民学校法が定められた。レンナーが生まれたのは、まさに変革が重なる時代だった。ジャック・ハッナク(6)によれば、この姿を見せ始めた大きな社会的変革は、レンナーが上昇するきっかけをつかむことができた、ほんのわずかの好機だった。これより数十年早く生まれていれば、無名のままだったにちがいない。父方の曽祖父マッテウス・レンナーは、一八世紀の後半にサクソニー［ドイツ・ザクセン］からモラヴィア南部に移住し、デュルンホルツ［ドルンホレツ］に煉瓦製造工場を建てた。その息子マティアス・レンナーは一八〇〇年、市《いち》の立つウンター・タノヴィッツ［ドルニ・ドゥナヨヴィッツェ］の町に腰を落ち着け、比較的豊かな生活を築いた。一〇人の子供たちにはなにがしかの財産を残すことができた。長男のマッテウ

ウンター・タノヴィッツ（モラヴィアのドルニ・ドゥナヨヴィツェ）にあったレンナー生家の庭

ス・レンナーは、ポーラウ［パラーヴァ］山地にあるパルンドルフ［現・地名不明］に抵当のつかない農場（ハルプラーン）[7]を得た。かれはオルミュッツ［オロモウツ］で給仕の仕事を習い覚え、一八五二年、北部モラヴィア出身のマリア・ツェヒャ（結婚前ハービガー）と結婚した。マリアはウンター・タノヴィッツの大きめの農場に付属した家屋（Ganzlahnhaus）を持参するとともに、亡くなった前夫との間にできた三人の子供を連れ子としていた。マッテウス・レンナーは農民というよりはワイン商人であり、徐々に家産を増していった。ところが、一八六六年のひどい不作のせいで、当時当たり前だった高利での抵当借り入れを行い、その負債によって経済的な没落が始まった。夫妻にはすでに一六人の子供があったが、一八七〇年一二月一四日、ウンター・タノヴィッツでさらにカールとアントンの双子が生まれた。アントンは数週間後に亡くなる。カールは長じて「子供時代、素晴らしきとき」と題する詩の中で次のように詠った。

　父は犂をつけて馬をつかい
　母はかまどをみて牛に餌をやる
　僕はつましい百姓の子
　一八人兄弟姉妹の末っ子だ

両親は徐々に畑地を売らねばならなかった。パルンドルフの家を一八七三年に失い、さらにウンター・タノヴィッツの家も半分なくした。このためカール・レンナーは子供時代と青年時代、ものに恵まれず貧しかったかもしれないが、こころの面では、家族はほんとうの「宝物」をもたらした。ふるさとはとても大切なものだった。父とは親密な信頼関係で結ばれ、「母と子の穏やかな幸せ」も長年にわたり妨げられなかった。鍛冶屋の息子とは、ロマンティックともいえる友情でむすばれ、また村の少年たちが行う冒険で、とてつもなく「かけっこ」が速かったため、いつも目立つ存在だった。当時、戦争ごっこは「プロイセン対オーストリア」あるいは「ゼックスウントゼヒツィヒ」[8]と呼ばれていた。家ではローマ・カトリックの信仰が厚かった。レンナー自身の言によれば、後年の弁舌の才はなによりも、教会から家に戻って、司祭の説教を父親の前で再現させられたことによる。小学校で学ぶ間、教師のマーツは、謝礼なしでヴァイオリンを教えてくれた。家でレンナーは父の古い書き物机にむかい、もの書きの職を夢見て、自分の詩の調べをあわせ韻をととのえた。たとえば一八八一年、皇太子のルードルフとステファニーが結婚したときのことである。両親の家には遍歴職人・行商人が、スロヴァキア、シレジア、ボヘミア［ベーメン］からやって来て、しばしば宿をもとめ、世の中のさまざまな出来事を語った。レンナーは、八学年の小学校を五年で修了したのち、苦しい家計にもかかわらず、ギムナージウム受験のためにニコルスブルク［ミクロフ］へ送り出された。この父の決断は、レンナーの将来を方向付けるものだった。豊かな出自の友人たちが差別的な発言をしても、レンナーはその志を失うことがなかった。金銭の問題を解決すべく、しかもニコルスブルクに寄宿先がなかったため、毎日学校への道を二時間かけて歩き、再びウンター・タノヴィッツに帰り着いた。姉のアンナは学校教材の購入を助けた。遍歴職人の若者たちからは、村の道で初めて資本主義の悪弊と社会主義への希望を教えられた。また夏休みに日雇い労働者として働きもした。さらに家庭教師の仕事も引き受けた。こうした状況は、ニコルスブルクのさまざまな家庭が提供してくれる無料の食事や、ついにはモラヴィアの公的奨学金によっておおきく改善された。一方、ウンター・タノヴィッツの両親の家は一八八五年、破産に至った。所有物を競売にかけたのち、両親は賃貸の宿泊施設へ移り、最終的には貧民収容施設へ移らねばならなかった。その後五〇年経ってレンナーは、自分がプロレタリアートの一員であるのは、両親の破産の経験と自分の子供時代の無一文の状態とに由来していると語った。ピアリスト修道会(9)が運営する上級ギムナージウムのレンナーの席次は、早くから安定し、第六学年からは優等生で、ときおりクラスの首席だった。かれは自分の成績の向上が、教師たちの献身のお蔭であり、とくに［ラテン語・古典ギリシャ語を教えた］ヴィルヘルム・イェルザレムのお蔭であると考えた。そのほかにフランツ・ツェレンカとアロイス・コルニツァーの名も挙げられる。コルニツァーはキケロの著作を出版するにあたり、レンナーのラテン語が優れているからといって手伝わせたりもした。一八八九年、優秀な成績で卒業資格試験に合格したとき、レンナーはドイツ語の抒情詩人か劇作家になりたいと考えた。カトリック教会と宗教には、個人的な経験のために距離を置くようになっていた。卒業試験合格者の祝いの席で突然一人の生徒が、ユダヤ人同級生の参加に反対の声を上げたとき、レンナーは、ニコルスブルクがキリスト教徒の街とユダヤ人の街から成っていることを考えれば、ユダヤ人の同級生が祝いの席に留まるのは当然だと強く訴えた。「僕たちは八年間、同級生としてうまくやって来たではないか。今日、別れのときも同じだ！　ユダヤ人はここに留まれ！」

2　大学と労働運動

生徒の結びつきが壊れるという体験に加えて思い知らされたのは、自分がなじんだ「知的な高邁さ」、「知的・政治的英雄世界」と、再び自分が押しやられた現実の社会的状況との間に越えがたい裂け目があることだった。かれは当時、古典語の教養がどのような意義をもつのか、その尺度が現実の生活としっくりしないためにさまざまな疑問を覚えた。過去のものとなった「荘厳な時間」、「甘美な夢想」は、塵芥の類に他ならないと認めて、レンナーは、新しい生活を始めること、現実の経済生活に根をおろして自分と仲間のために働くことを決意した。それが長い道のりになることは、自分がこれまで受けてきた教育がもっぱら過去に眼を向けて、現実となんら関わりをもたなかったことを思うだけでも想像できた。そこで少し学校の最後の休みを利用して、クンツェンドルフ［クンチーナ］のおじのもとに滞在し、国家のさまざまな制度を市役所から始めて郡庁舎、郡裁判所、さらには兵舎の生活に至るまで学んだのだった。

首府であり帝都であるウィーンは、長らくレンナーにとって目的の地であり、そこでは有意義な未来を拓く望ましい条件が整うだろうと考えていた。すでにギムナージウム第八学年のクリスマス休暇に、レンナーは初めてウィーンを訪れていた。いまや問題は、ここで生きていくことだった。生活を確保するため、高校卒業資格をもつ者に与えられる一年志願兵の権利をウィーンで行使することにした。「私はウィーンに住民登録を移さねばならなかった。それは大学街になんとか根を下ろし、知り合いをつくり、仕事の見通しを探り、勉学を可能にするような仕事を得るためだった。」レンナーは後に『二つの時代の転換点で』と題する自伝［一九四六年］の中で、このように回想している。かれは企てをすべて実現した。まずアーゼナル［ウィーン三区の兵器収蔵庫］に駐屯した第一四砲兵連隊に入営し、同時にウィーン大学法学部に入学願書を提出した。もっとも、実際に勉強しようという意図は、さしあたりなかった。兵営の孤立を脱してウィーンをすこしでも知るため、願い出てショッテンリングにあった軍の糧食学校に一八八九年の一二月から転属し、そこで上司の覚えめでたく、一年志願兵コースを優秀な成績で終えた。全体として高い評価にもかかわらず、ある勤務評定には奇妙なことに、「カー

18 歳のカール・レンナー

ル・レンナーは、独立の部署を指揮するには適しない」と書かれていた。レンナーは軍隊で初めて「旧オーストリア＝ハンガリー帝国全体と、その生身の姿で」出会い、「ドイツ語も七様に異なって話される」のを経験した。さまざまな民族出身の同僚たちが民族問題をめぐって論争するのを目の当たりにして、政治を学ぼうという決意がレンナーの中で熟していった。注目すべきは、レンナーがまさに兵舎の中で、しかも初めて意識的に社会主義と取り組んだことである。車掌をしていた男が、かれにアウグスト・ベーベル(10)の『婦人と社会主義（婦人論）』［一八八三年］を紹介して、「これはとっても面白い」とコメントした。食糧補給と主計業務の授業は、レンナーに計画経済における大量調達への興味を呼び覚まし、後にかれが社会民主党と協同組合にかかわるにあたって大きな意味をもった。

レンナーは除隊の前に、軍服を着たまま、部屋を求めて大学の近くに出かけた。結局、第七区のレルヘンフェルダー通り九番地の家に静かで明るい屋根裏部屋を借りた。かれが初めてこの家に足を踏み入れたとき、そこに住むひとりの女性に出会い、一目ぼれした。「黒みがかった茶色の髪、生き生きした眼、鼻筋が通り、自信に満ちた真剣な面持ちの娘」だった。娘の名前はルイーゼ・シュトイチッチュといい、現在のブルゲンラントのギュッシング出身で、後にレンナーの伴侶になり妻となる。

当時、レンナーは家庭教師をして有力者の子弟に補習授業を行い、「七〇グルデン」ほどの収入を手にした。節約することで、法律の聴講生として登録し、教科書やその他の教材を買うことができた。家族の大きな不幸を乗り越え、長年にわたる自立の努力ののち、レンナーは一八九〇年一〇月からウィーン大学法学部の学生になった。大学の車寄せに至る道を歩き、広々として明るいホールを通り抜け、法学部への幅広の階段を上るときはいつも「満足と勝利」を味わった。それまで古典世界にひたりきっていたレンナーは、最初の講義を聴くや否や、現実世界で自分の新しい方向をつかむとともに、正しい学科を選んだことを確信した。

この頃、恵まれた家庭から婿入りの話が持ち込まれた。しかし、レンナーは一顧だにしなかった。ルイーゼと生活を共にすることをかたく決意していたからである。快適な暮らしをしようとは思わなかった。子供時代・青年時代の不運とこれまでの経験によって、自分には「下積みの権利を奪われた人々の傍の席」が与えられていると考えた。レンナーの進歩的な性格がもっともはっきり現れたのは、世紀末の上っ面だけの道徳に意識的に対抗して、自分にふさわしい形で結婚したことだった。かれは友人たちを招待して、ルイーゼを自分の妻だと紹介しただけだった。ただ、若いレンナーが少し憤慨したのは、ひとりの友人もかれのやり方に倣わなかったことである。

すでに大学一年のときレンナーは、ウィーン・ノイバウ区［七区］で、「牛馬」のごとく働く家内労働者とつきあい、古典の作品を読み聞かせることにより、かれらを飲酒から遠ざけ

公務員の制服をまとったカール・レンナーと妻のルイーゼ（1900年頃）

ようとした。かれはこの頃まだ、社会主義の「使徒」となるには社会主義理論に確信がもてずにいた。そこで関連する文献を読むことに努めたが、マルクスの『資本論』は、理解するのが非常に難しいと思われた。結局レンナーの心をとらえたのは、フェルディナント・ラッサール[11]の『法廷弁論』だった。ラッサールは、学問と労働者とが手を携えて文化の障害を一掃することを提唱していた。これがいまや、レンナーにとっても「現代の教会の福音」となった。

一八九二年初頭、レンナーは初めて政治集会に顔を出した。楽友協会ホールでカール・ルエーガー[12]の演説を聴いたのである。ルエーガーが、輝くばかりの姿とは似つかわしくない、がさつな独りよがりの話し方で、ユダヤ人、外国人への憎悪をあおり、それを聴衆が拍手喝采することに、レンナーは首をかしげてしまった。その頃、ノイシュティフトガッセの「食堂」

で行っていた理想主義的な読み聞かせが、警察の注意を引き、「陰謀」を疑った警察は、レンナーを暫くの間密かに監視していた。

レンナーとルイーゼの間に一八九一年、娘のレオポルディーネが生まれた。二人は一八九二年一一月になってやっと同居することができた。部屋は、金属労働者で熱心な自然愛好家のアロイス・ローラウアー[13]が貸してくれた。このローラウアーからレンナーは、社会主義へ歩を進める有益な刺激を受ける。「聖レオポルト」という、シュパール・ギムナージウム八年生の生徒が立ち上げた社会主義細胞で、一八九三年に世界観をめぐる討論に参加して、ハインフェルトで開催された社会民主党合同大会[14]のことを耳にした。またマルクスの経済学説に深く沈潜して、ラッサールの主張の多くが時代遅れであることを知り、ついにフリートリッヒ・エンゲルス[15]の『ユートピアから科学への社会主義の発展』［一八八三年］を啓示と受け止めた。自宅でレンナーは、この理解をさらにローラウアーに伝えた。ローラウアーは、金属労働者の地区グループに深く関与していて、レンナーはこのグループのために規約を作成したりしている。「聖レオポルト」細胞は、マックス・アードラー[16]、ルードルフ・ヒルファーディング[17]、ジャック・フロイントリッヒ[18]というような重要な協力者の参加を得た。ただ、細胞が社会主義・共和主義の考えに熱狂して、声高に賛同の声を挙げたため警察の警戒を招いたが、一方、党指導部が従来よりも強く注目するという好ましい結果にもなった。レンナーは「ガリレイ」という名の労働者教育団体を立ち上げ、あるとき講演者にペルナシュトルファー[19]を確保した。これによって、後に父親のような友人となる人物との個人的なつながりができた。一八九四年九月からレンナーは、党内で社会主義講座をもち、一八九五年、学習センターで初めてヴィクトア・アードラー[20]と出会った。アードラーはすでにレンナーの名前を知っていて、まずは学業を終えることを勧めた。修了すれば労働運動に専従できるだろうというのである。当初、党内でレンナーの立場はたやすいものではなかった。ヴィクトア・アードラーが、裕福なユダヤ人家庭出身のオットー・バウアー[21]にもっぱら肩入れしたからである。アードラーはレンナーに懸念を抱いていた。レンナーが裕福になることをひたすら目指して政治活動に参加したのではないかと考えたからである。しかし、考えを変えた。後にアードラーはアウグスト・ベーベル宛の手紙でいう。「非常にすぐれた何人か、たとえば、まずはオットー・バウアー、次にレンナー、ザイツ[22]など……」、「レンナーがいなくてはうまく行かないだろう。」党学校でレンナーは、生徒に対してとても優しく理解ある態度で接した。カール・ザイツなどに見られた痛烈なあざけりは、レンナーにはまったくなかった。

一八九五年に「自然の友[23]」の創立者の一人となったレンナーは、大学では行政法・国際法のエドムント・ベルナツィク[24]および経済学のオイゲン・フォン・フィリッポヴィチ[25]に強く惹かれた。二人はレンナーに親しみと興味を覚え、支援も行った。ただ、私法の批判者であるアントン・メンガー[26]とは個人的な関係を結ぶことがなく、レンナーには残念なことだった。

実際に職業を選択する段になってレンナーは、抑圧された社会主義者が目指す弁護士の道を採らなかった。それは、学問の師であるオイゲン・フォン・フィリッポヴィチが斡旋して帝国議会図書館員の職が提供されたからである。一八九五年一二月一日、「研究助手」として就職し、新規図書の受け入れと在庫カタログの作成に従事した。こうしてレンナーは、社会主義の運動からしばらく姿を消すことになった。レンナーに図書館員から始めて研究職の道を進もうという考えが芽生えた。本採用の前提は、ルイーゼとの正式の結婚と博士号の取得であった。そこでレンナーは一八九七年二月二八日、ウィーン・ラントシュトラーセ区［三区］にある教会ザンクト・オトマール・ウンター・デン・ヴァイスゲルバーンでひっそりと結婚式をあげるとともに、学業を急いで、一八九八年一一月一八日、ついに優で両法［教会法と市民法］博士となった。正式採用にあたって障害になりそうだったのは、過去の社会主義運動への参加ではなく、ルイーゼとの「内縁」による同棲生活だった。しかしながら、レンナーの上司で参事官のドクター・リピーナー[27]が、何も言わず決然と帝国議会両院［貴族院と衆議院］の議長に対して擁護してくれたため、正式の採用にいたった。レンナーが図書館員に任命されて、公務員の制服を着用することが義務となり、さらに内務大臣、ガウチュ男爵[28]に拝謁した。男爵は、「推薦者の信頼を裏切らないように」と釘をさした。

3　著述家と政治家

アードルフ・シェルフ[29]が言うように、レンナーは、真実を声高に叫ぶ使命が自分にあると思えば、沈黙することはなかった。かれは、帝国議会の官吏に課されていた出版禁止をかいくぐるため、さまざまな筆名——ルードルフ・シュプリンガー、O・W・パイアー、ドクター・ヨーゼフ・カルナー、ジノプティクス、カール・フォン・タノフ——を使うことにした。当時すでに取り組んでいた問題群は大きく分けて三つで、経済、法学、ドナウ地域に住まう諸民族の相互関係だった。社会民主党は、ブリュン[30]で開いた党大会（一八九九年）で民族綱領を策定し、その中で歴史的に成立した帝室領と少数派［民族］の既得権とを廃して、オーストリアを民族別の自治組織を備えた「諸民族の民主的な連邦国家」に転換するという要求を掲げていた。レンナーにとってこうした解決策は、実際の言語的・民族的分裂と歴史・民族に由来する衝突を考えれば、不十分なものにしか思われなかった。そこでかれは、一八九九—一九〇六年の間に一連の著作（『国家と民族』、『オーストリア諸民族の国家をめぐる闘争』、『オーストリア・ハンガリー帝国の基礎と発展目標』）を発表して、属地主義を属人主義[31]に代える手順を構想した。レンナーもまた、オットー・バウアーが自著『民族問題と社会民主主義』で述べたように、民族主義は変形された階級憎悪だと考えた。したがって、民族主義を、それが唯一正当化されるはずの領域である文化と交流に導かねばならない。この目的を実現するため、国家はさまざまな行政の層によって構成されねばならない、すなわち自治の文化的諸単位、そして民族の境界を越える、より規模の大きい地理的・経済的諸単位、さらには諸民族を超越する政府の中央政治権力によって構成されねばならない、と考えた。この構想を、たとえばヴァルター・ゴルディンガー[32]は、現実政治における実現可能性という観点からは、熟考が不十分であると見なしたが、ロバート・A・カン[33]は、所属する政党と民族を問わず、真の人間主義の精神にあふれた改革者が目指すべき究極の目標を表すものだと述べた。ヴィッリバルト・M・プレッヒル[34]はレンナー構想を、それは信仰告白と同じように民族への帰属表明を可能にするもので、今なお、民族間の紛争を緩和するための最良の解決策を提示するものだと受け止める。

レンナーは、ひとりひとりの国民が、自分の居住地がどこにあろうとも、それとは無関係に属人的な自治に基づいて、自分と同じ民族に属するすべての者が形成する自治の民族団体の一員となるべきだとした。レンナーは、オットー・バウアーと違って、ハプスブルク帝政における民族問題解決の試みを単に暫定的なものと見なすのではなく、「オーストリアという理念」、「オーストリア諸民族の同盟」を地理的・経済的に欠かせない要因だと主張した。帝国が小規模の複数国家に分裂することは、反動的な民族主義の解決策であり、自治の諸民族を後押しする「超民族的国家」にこそ未来はある、とする。ノーバート・レーザー(35)によれば、レンナーの民族問題に対する考えは、社会民主党の共有財産となり、その漸進的な活動の基礎となった。

レンナーは当時すでに、名だたる学者たちと連絡を取り合っていた。ヨーゼフ・レートリッヒ(36)は、レンナーの二元性［属人性と属地性］の諸論文を、新規の政治文献では屈指の内容豊かなものと評していた。一方、アウレル・ポポヴィチ(37)が強調したのは、レンナーによる歴史的・政治的個人への果敢な取り組みだった。マックス・ヴェーバー(38)は、『社会科学及び社会政策雑誌』への協力を求めようとした。レンナーは当時、教授資格を得ようかと真剣に考え、ベルナツィクがそのような提案をレンナーに行っていた。

レンナーは一九〇〇年以降、マックス・アードラー、ルードルフ・ヒルファーディング、カール・カウツキー(39)、グスタフ・エックシュタイン(40)、オットー・バウアー、フリートリッヒ・アードラー(41)とともにオーストロ・マルクス主義(42)のグループに属していた。かれらは焦眉の問題に関心を向けることで、正統派と修正主義派の論争(43)で硬直化したマルクス主義を新たに活性化しようとしていた。レンナーは、オーストロ・マルクス主義の国家思想家、法理論家、社会学者、さらには議会・行政専門家となった。かれは『国家と議会』(一九〇一年)の中で、現代の共同体の発展は民主主義の基礎に依存するとして、民主主義への根本的な支持表明を行った。レンナーは述べる。貴族制は少数派の支配である。だが、少数派は多数派に従わねばならない。もし多数派が少数派に仕えるならば、事態はもっと悪化するからだ、と。かれはまた、事実上の権力が正当な権力にもならねばならないとし、妥協と調整は誤った方策なのではなく、民主主義にともなう正常な現象であると見た。さらには、法治国家を階級抑圧の機関ではなく、秩序を整え調停する権力であると考え、国家と社会との間に根本的な対立があるのではなく、むしろ国家を社会の重要な機関と見なし、労働者階級にますます奉仕するようになると考えたので、マルクス主義の立場からは大きく遠ざかった。

非正統の漸進的マルクス主義＝改良主義は、レンナーによる学術上の最大の成果でもある。それは『法制度の社会的機能、特に所有について』（一九〇四年）に反映された。この著作は一九二九年、『私法制度の社会的機能』と改題されて増補・出版され、後に数多くの言語に翻訳される。これによってレンナーは、従来の法学思考の基礎を揺さぶったのである。かれが示したのは、ある概念、たとえば所有という概念の法的性格と経済的性格とが大きく相違する可能性がある、ということだった。法の文言が変更されないとしても、法はある国の経済発展によって社会構造的な意味変容を被り、新しい諸関係に合わせて改変されねばならない、と。レンナーは法学の規範と社会的効力という概念を用いて、下部構造と上部構造という伝統的な説を変更した。なによりもかれが著作の中で、対象を粉砕せずにはおかないマルクスの言葉に対置したのは、たとえば経済の分野では、資本主義の変容という漸進的な性格の言葉だった。社会的諸対立を緩和するという漸進的な構想の点で、レンナーはバウアーと明白に食い違っている。バウアーは、社会闘争を先鋭化することにより、共同経済を志向する秩序を創ろうとした。レンナーによる漸進的観点からのもっとも重要な著作、『全体過程としての経済と社会化』は一九二四年に刊行された。

フリッツ・クレナー[44]が「理論と実践における優れた経済学者」と呼ぶレンナーは、早い時期から協同組合運動にもかかわっていた。一九〇五年、主に国家公務員からなる第一ウィーン消費者協会で内部から改革を行おうという動きが始まったとき、レンナーは具体的な提案をひっさげて大会に参加した。ただ、かれが労働者協同組合と初めて親しく接したのは、一九〇七年に帝国議会に立候補したときだった。経済学者で後に大統領となるミヒャエル・ハイニッシュ[45]が、当時、自分の住む選挙区のノインキルヘンで立候補するようレンナーに勧めた。オスカー・ヘルマー[46]の回想によれば、候補の指名を受けるだけでも困難が待ち受けていた。というのは、レンナーはその選挙区でほとんど無名だったからである。最後は、アウグスト・ブレートシュナイダー[47]とエンゲルバート・ペルナシュトルファーが、ノインキルヘンの「社会民主党」活動家たちにレンナーを推挙して、かれが粘り強く確信に満ちた社会民主主義者であり、出世の可能性に眩惑されることもなく、公務員である自分の地位を危うくすることも厭わず、いつも労働運動の側に立つ者だとして説得した。さらになによりもレンナーの自己紹介が、そのときの聴衆の気持ちをつかみ、喝采とともに満場一致で候補に指名された。レンナーを推す者の中には、すでに述べたミヒャエル・ハイニッシュがいて、レンナーに票を入れるよう数多くの知識人たちを説得した。その言い分は、ほぼ確かに社会民主党員が選出されるのだから、「教養を備えた人間のほうが、行き当たりばったりの煽動家よりもマシでしょう」というものだった。

実際、レンナーはノインキルヘン選挙区で四七三六票を獲得して当選し、八六名の社会民主党議員のひとりとして、一九〇七年六月一七日に帝国議会で宣誓を行った。議会でかれは予算委員会、法務委員会、調停・統制委員会に選出された。一九〇七年六月二七日に初めて登壇し、普通・平等選挙権を州議会選挙にも拡大するよう訴えた。［ウィーン市南部］ファヴォリッテン区の労働者は一九〇八年、レンナーを下オーストリア州議会にも送り込み、かれの州議会活動は一九二一年まで続いた。レンナーは議会でしばしば長時間にわたる演説を行ったが、いつも当意即妙の発言で味付けして議員たちを退屈させなかった。また自ら書いた委員会報告や質問状も、客観的で調和がとれていたにもかかわらず、辛辣さにこと欠かなかった。一九一〇年には「中央食糧庁」を設立するよう提案し、同庁の消費者諮問委員会に国家官僚とともに協同組合関係者を参加させようとした。一九一一年、レンナーは、オーストリア消費協同組合の理事長に選出される。民主的な経済秩序を構築するため、かれは住宅建設や農業の分野でも自助の原則を実現するように努めた。ところで、レンナーはグログニッツに一九一〇年から別荘を保有していたが、そのグログニッツでアンドレアス・ヴコヴィチ[48]とともに「ノインキルヘン地区共同住宅・団地建設協同組合」を設立した。(なお、別荘購入がきっかけとなって、当時、地元のドイツ民族主義派の機関紙、『ヴィーナー・ノイシュタット報知』がレンナー批判を繰り広げた。) 一九一二年には、後の労働者銀行の前身であるオーストリア労働者連合信用連盟を設立。これはオーストリア消費協同組合共同購入会社を大銀行への従属から解放しようとするものであった。一九一三年には、レンナーは[英国スコットランド]グラスゴーで国際協同組合連盟の中央委員会入りを果たす。

[ボスニア・ヘルツェゴヴィナ]併合の危機[49][一九〇八年]と[二度の]バルカン戦争[50][一九一二、一三年]をへて、支配階層は第一次世界大戦へと引き込まれていった。この大戦によってレンナーの数多くの構想は、突然に終わりを迎えた。歴史を振り返って注目に値すると思われるのは、かつてレンナーが、ドイツ系オーストリア人に呼びかけて、自分たちでまとまって、ドイツ帝国との政治連合から離脱することを訴えていたのに対し、いまやドイツの「中欧」構想[51]に危ういほど接近したことだった。また、かれが防衛戦争[と考える大戦]を支持することによって、戦争完遂を訴える政治家と同列に並んだことだった。さらに言えば、

［ドイツと］武器を共にすることで「大衆がもつことになる、非常に実際的な感覚」について熱をこめて語り、東部ヨーロッパを併合の対象としか見なかったこともあげられる。レンナーは、すでに一九一四年秋に国家構想をまとめて提案を行い、一九一五年、政府の招きで戦時穀物交易庁に入庁するとともに、糧食補給諮問委員会に参加、一九一六年にはついに、ラクセンブルクに滞在していた皇帝カール一世自身によって戦時経済のための食糧庁理事会に招かれた。[52] レンナーは国民への食糧供給、職業斡旋、価格統制、生活保護について数多くの提案を行い、戦争に反対するマルクス主義の断固とした態度をあたかも放棄したかのようだった。政敵からはハプスブルク家のことに頭を悩ます「帝国の社会民主主義者」、社会愛国主義者、社会帝国主義者として公然と非難された。一九一六年一〇月二一日、首相のシュテュルク[53]が、ウィーンの

カール・レンナー、娘のレオポルディーネ、妻のルイーゼ。1912 年、グログニッツの別荘にて。

マイスル＆シャードゥンホテルでフリートリッヒ・アードラーの銃弾に斃れたとき、決定的な瞬間がおとずれた。年老いた社会民主党党首［ヴィクトア・アードラー］の息子であるアードラーは、法廷の弁論で国家を糾弾し、批判の矛先をレンナーに向けて、「社会民主党のルエーガー」とまで呼んだ。

いまだ封建制度の色濃いハプスブルク帝国が、西洋諸国のような民主主義にすでに近づいていると、レンナーが確信しきっていたことは間違いないだろう。フリートリッヒ・アードラーが火をつけた反レンナーの態度を、レンナーは一九一七年の党大会のあらゆる発言にはっきりと感じ取った。さらに一九一四年まで親密だったオットー・バウアーとの友情も、レンナーの活動のために目に見えて冷却化した。バウアーが［ロシアの］捕虜収容所から帰還［一九一七年］してから、二人は『労働者新聞』の編集部で「バウアー—レンナー」と名札を下げた部屋を共用していた。当時、二人の政治家の間で論争があったことは間違いないだろう。というのは、レンナーが突然、編集部に顔を出さなくなったからである。レンナーはバウアーとの仲たがいを気に病んで関係を修復しようとした。しかし、バウアーの「おまえって奴は、どうしようもない俗物だな！」という発言に、修復の可能性も消えた。

一九一七年、ミヒャエル・ハイニッシュとも対立が起きた。ハイニッシュの書いた『オーストリア展望』誌の物価高騰に関する記事をめぐって、レンナーが匿名で『労働者新聞』にハイニッシュ批判記事を書いたときである。レンナーは当時、ハイニッシュに面と向かって、ブルジョアのモラルとプロレタリアのモラルという二重のモラルがあるのではないか、といって自己を正当化した。それ以来ハイニッシュは、レンナーの心に「二つの打ち解けない魂が肩を並べて棲んでいて、一つは真面目な政治家の魂であり、もう一つは荒廃した煽動家の魂である」と確信した。

レンナーは、一九一八年一月のストライキ(54)に際して妥協を模索するとともに、一九一八年の帝国崩壊まで繰り返し政府当局の関心を買おうとした。しかもそれにとどまらず、一九一八年一〇月になっても、提案された首相就任について若い皇帝と真剣に協議を行った。しかしながら、かれは再招集された帝国議会の議会演説［一九一七年］では、公然と「カオスの帝政」が没落することを願っていたのだった。

4　第一次共和国への入り口にて

社会民主党はすでに一九一八年一〇月三日の決議で、すべての民族の全面的な自治権を承認するとともに、なによりもハプスブルク帝国のドイツ人地域を「ドイツオーストリア」として糾合するよう求めていた。中欧権力［ハプスブルク帝国］の崩壊が不可避であることが明らかとなった一〇月一七日、ドイツ人諸政党の代表が、［帝国議会の］ドイツ人議員総会を一〇月二一日、下オーストリア州の庁舎に召集することで合意した。実はこの一日前［一六日］、皇帝はオーストリアを連邦制国家に転換すべく、結局無駄となる民族宣言に署名していた。

上記の総会は、ドイツオーストリア暫定国民議会として成立し、発声採決によってヨードク・フィンク(55)、フランツ・ディングホーファー(56)、カール・ザイツの三人を議長団に選出した。これとともに、二〇人の議員からなる執行委員会が設置されて、同委員会はさらに三つのグループに分けられ、レンナーは第二の「内務および憲法」グループの報告者となった。そのうえ自発的に第三の「国民経済と食糧供給」グループのメンバーにも登録した。一〇月二二日、国民議会は、ドイツの食糧援助を求めてベルリンに代表団を派遣することを決議した。レンナーはその代表団にも加わり、ベルリンに向かう途中、キリスト教社会党に属する食糧供給の専門家、ハンス・レーヴェンフェルト＝ルス[57]と寝台車でオーストリア国家の将来について語り合った。レンナーはドイツ・ボヘミア[58]とズデーテン諸地方[59]を失う見通しを語り、「皇帝が任命した」ハインリッヒ・ラッマシュ[60]内閣を帝政精算内閣と呼んで、徐々に新しい国民内閣がそれに取って代わることを予測した。「新しい時代が始まり、新しい考えと新しい方法をもって統治・運営しなければならない」と。

一〇月二九日、暫定国民議会執行委員会は、レンナーによる憲法草案を最終的に採択し、またかれを本会議における報告者に任命した。レンナーは翌日の本会議で演説を次のように始めた。「この前例のない崩壊のとき、また人民の最大の困窮のときに当たり、憲法制定には根本的な意味が付与されます。と申しますのは、憲法は、国民の日々の生活に決定的な影響を及ぼすからです。これは従来の意味での憲法ではありません。ただ草案に留まります。これによって、公的権力を打ち立てるために必要な最初の一歩を踏み出すにすぎません。私たちは、一夜のうちに国家なき民となりました。したがいまして、提示された憲法草案は仮の屋根にすぎません。国家形態について、君主制であるのか共和制であるのか、なにも規定しておりません。人民が国家権力すべての拠り所であり、担い手であります。国民議会はこの権力のほんの一部を行使するにすぎません。」国民議会が全会一致で「国家権力の基本諸機構」決議を採択したことにより、一九一八年一〇月三〇日、新たなドイツオーストリア国の公式な存在が始まった。レンナーはこの日、国務会議[61]の官房の長として、国務会議の立法担当部門設立を委嘱された。当初レンナーは事務的な事柄を管掌するだけだったが、かれの役職は、その人柄とその後の事態の進展によって重要性を増し、国務会議の官房長は総括の大臣となり、それとともに暫定政府の長となった。一〇月三一日、［帝国最後の首相］ラッマシュは、ドイツオーストリアの政府業務を国務会議に移譲した。

その間に新しい後継諸国家が樹立された。一〇月二八日にチェコスロヴァキアの建国が宣言され、一〇月二九日には南部スラブ諸民族が帝国から分離し、一一月一日、ついに独立したハンガリー政府が形成された。旧帝国のあらゆる地方からドイツ人官吏がドイツオーストリアに忠誠を誓う文書を寄せた。代表団がいくつも、ドクター・レンナー首相殿に忠誠の上申書を手渡そうと直接官房を訪れた。レンナーはそのような面会を断った。困窮した、成立して間のないドイツオーストリア国が、さらにズデーテンドイツ人等のことも配慮できようか、というわけである。加えてチェコスロヴァキアの社会民主党員たち、とくにトゥーサル[62]から、ウィーンでもそろそろ共和国を宣言しないのか、さもないとプラハから「これ以上の石炭は入手できないぞ」と圧力がかかった。当時、レンナーは皇帝カール一世を訪問したが、ショックを覚えてこの訪問から帰ってきた。レンナーは、皇帝が新聞すら読んでいないという印象を覚え、皇帝はまさに「阿呆」だと思った。

一一月初め、すでに重い病にかかっていた社会民主党党首で外務大臣のヴィクトア・アードラーが、体を引きずるように議会に足を運び、レンナー秘書のマルチ・ペルツァーに案内されて官房の部屋までやって来た。アードラーが入って来たときも、レンナーは仕事を中断しようとせず、書類に署名を続けて、書きもの机越しに遠くから「いや、この秘書には本当に満足してますよ」と言葉をかけただけだった。一一月一一日の午後、レンナーは党友たちとともにアードラーの住まいを訪れ、党首の死をみとった。後にレンナーは秘書のペルツァーに語っている。「かれは死んだも同然だったよ。重い息をしていた。僕は党の実力者たちと一緒に、ちょうど息が絶えるときに居合わせたんだ。」

ドイツ皇帝ヴィルヘルム一世が退位［一一月一〇日］した後、レンナーはザイツとともにカール一世の退位と共和国宣言を強く求めた。レンナーは、ハプスブルク家最後の皇帝のために帝位放棄宣言の草案を自ら準備したが、皇帝の裁可が得られず、高位聖職者であるイグナーツ・ザイペル(63)が単なる国民への呼び掛け［一一月一一日］に手直ししてしまった。この呼び掛けは統治権行使から自発的に身を引くことを謳い、同時に退位を示唆しようとするものだった。明くる一九一八年一一月一二日、国民議会はドイツオーストリアの国家・政府形態法を決議した。法案を審議する過程でレンナーは、完全な民主主義こそ国民経済再興の前提であるとした。「共和国の宣言は、ヨーロッパの、否、全世界の趨勢に対応するものであります。我が国もまた、現代の文明の方法によって統治されねばなりません。」このように述べて喝采を浴びた。「三つの主要な階級、つまりブルジョア、農民、労働者からなる集中政府は、事態の急展開のしからしめるところであります。みなが集中政府を理解しているとは言えませんが、この法律によって法的な是認が得られました。」この法律の第二条は、ドイツオーストリアをドイツ共和国の一部であると宣言した。また旧帝国の諸法、とくに戦時経済全権委任法がそのまま保持されたことにより、後にエンゲルバート・ドルフース[64]が数々の緊急令をもって統治するという旧法の濫用を生み出すことになる。

［議事に］続いて国会議事堂前で公式の共和国宣言が行われた。その際、急進的な兵士グループが新しい赤白赤の国旗をずたずたに引き裂いた。その後おきた騒動で二人が死亡、三三人が負傷した。ちょうどレンナーは、国会議事堂入口に続くアプローチで、新法の「ドイツオーストリアの国家・政府形態法」と国会の宣言とを読み上げ、「共和国に栄あれ！」と締めくくったところだったが、この無意味と思われる騒擾の拡大に暗澹たる思いになった。

レンナーの閣議における座長ぶりと驚異的な業務遂行能力は幅広く認められた。日中、閣議を開催することができず、しばしば夜の一〇時に開かれることもあった。時折、レンナーは閣議を予告なしに中断して、別の重大な会議に参加しなければならなかった。事態がさらにややこしくなったのは、別の会議へ出席するため、ウィーン駐在の協商国［戦勝国］代表との面会を延期せざるをえないときだった。とくにフランスの使節アリゼはそうした場合、不快感をあらわにして、その都度、首相自らの直接謝罪を強く求めた。レンナーの選挙区であるノインキルヘンとヴィーナー・ノイシュタットの労働者の世話は、［秘書の］マルチ・ペルツァーがこまめにした。ペルツァーはしばしばレンナーの意向を確かめることなく、届く手紙に返事をし、訪れるグループを迎え入れ、また争いを収め仲裁したうえでレンナーに報告した。レンナーは重度の葉巻愛好家で、朝はたいてい手が震えた。禁断症状である。三、四本のヴァージニア葉巻をくゆらせると、たちまち治まった。レンナーが通りを歩いていれば、たびたびポケットには嘆願書がねじ込まれ、官房で仕分けをしなければならなかった。レンナーは自分に仕事の負担がかかり過ぎていることをはっきり感じて、ある時、抗議して言った。新しい人間がどんどん自分との面会に連れて来られて、自分の負担が減ることがない、と。しかし、かれが部下の負担を思いやることはまったくなかった。ある夜、国会議長ザイツがレンナーのオフィスにやって来て目の当たりに見る。レンナーは食事に出ていたけれども、秘書は食事もとらず、そのまま働き続けていたのである。「そうなんだ、これがレンナーなんだ！　あいつの孫が腹痛でも起こそうものなら、党幹部会の会議にも出てこないだろう。あいつには、そんな会議なんかどうでもいいことさ！」これがザイツの意見だった。

5　典型的な連立の首相

　レンナーは倦まずたゆまず、国際世論に向かってドイツオーストリアの立場を訴え続けた。一九一八年一二月二三日、ロイター特派員エッターによるインタビューで次のように嘆いている。ドイツオーストリア共和国は、緊急に外国と交渉しなければならないが、「国家としての通常の必要条件、つまり国際的な承認」が未だに得られないのだ、と。革命に関しては次のように語った。「ドイツ民族による革命のうちで、ウィーンのものがもっとも静穏でした。一人の人間も射殺されていません。反乱を起こした人民によっても、また鎮圧に当たった防衛隊によってもです。それはもっぱら、新しい国家を統治している者の賢明で慎重な対処の賜物でした。……ウィーンの静穏は、ベルリンの騒々しい出来事と好対照をなします。……ある国家の困窮、絶望、無力は、その国家の指導者たちの賢明さを凌ぐことがあります。ウィーンで穏健派が勢力を保つことができなければ、ドイツでボリシェヴィズムが全面的に出現するでしょう。その影響がチェコスロヴァキアやイタリアにも及ぶことが予想され、全ヨーロッパは、その結果に責任を負うことになります。」

レンナーは米国人の［ジャーナリスト］ネリー・ブライ(65)のために長い時間を割いた。ブライがドイツオーストリアの状況を目撃して、ウッドロー・ウィルソン［米国］大統領にかれが望む情報をすべて挙げるよう全権委任したのだった。ブライは一九一九年一月二三日にインタビューを行う。それは幅ひろい問題を取り扱い、レンナーが当時の状況を説明するとともにその判断にも及んでいた。「ドイツオーストリア共和国の存続は、疑う余地がありません。と申しますのは、人々は中世に飽き飽きしていまして、君主制には誰もかかわりたいと思っていませんから。もちろん帝室の禄を食んでいた者たちは別でしょうが……。皇帝は誰にも注目されず、黙殺されたままエッカーツアウの城に暮らしています。結局は自分で外国に居を定めることになりましょう。いろいろな理由からとても望ましいことです。ドイツオーストリアの人間は友好的で善良な民ですから、あらゆる暴力を嫌います。」しかしながら、レンナーは、今後の革命の有無を予測することに踏み込もうとはしなかった。「安定した暮らしが確保されれば、そしてボヘミアのドイツ人居住地域とズデーテン地方とが切り離されず、ドイツ人の暮らす西部ハンガリーの併合が阻止されなければ、政権を担っている諸政党は、国内和平を保つことに成功するでしょう。我が国で今後も革命があるかどうか、それは現在、我々自身の問題というよりも、協商国［戦勝国］の態度如何にかかっているでしょう。」もしキリスト教社会党が選挙で勝利した場合、社会民主党はどう対応するのか、という質問に対して、レンナーは次のように答えた。「そうなれば本当にがっかりするでしょうが、そうはならないと思います。よしんばそうなっても、労働者たちは、自分たちを敵視しない多数派が形成されれば騒ぐことはないでしょう。ポグロム［ユダヤ人虐殺］については、恐れる必要はありません。これまでウィーンではそのようなことはまったくありませんでしたから。」

［まじかに迫る］選挙の結果について、保守の多数派政府か革新の多数派政府か、はたまた連立政権になるのか、レンナー自身も確信がもてなかった。「憲法制定国民議会は、フランス憲法とスイス憲法をモデルにして、二つの間で決定しなければならないでしょう。」社会化[66]については、「社会民主党は、大企業を分割することを考えていません。ただ、カルテルが支配する諸企業は、国家管理に服さなければなりません。まずは炭鉱と鉄鉱山でしょう。国家管理と並行して、民間の企業家精神の働く余地が将来も残されるでしょう。」またレンナーは次のように確約した。「政府は米国の実業家の後押しをします。必ず行います。我が国にとってなによりも望ましいのは、米国の資本家が我が国で投資をして、失業者に職を与える手伝いをしてくれることです。ドイツオーストリアは、まだ十分米国に注目されていません。この世界でどこよりも外国人を敵視しない国は、オーストリアです。」レンナーはウィルソンを念頭において、講和会議でドイツオーストリアにも自決権が認められるように訴えた。「経済的理由からも、新しい国家はボヘミアのドイツ人居住地域、ズデーテン地方、さらにはドイツ人の暮ら

すハンガリー西部を必要としています。ドイツオーストリアは、武器に訴えてこうした地域を占領したり防衛したりしませんでした。したがって講和会議の公正さに全幅の信頼をおきます。」

レンナーのかずかずのインタビューは、いつも外務大臣であるオットー・バウアーの気に入るものばかりではなかった。バウアーはたとえば一九一九年二月二日、首相のレンナーにもっと慎重であるべきだと警告を発している。「きみはどうも外国の新聞を読まないようだね。だから、知らないんだな。きみの多くの物言いが物議をかもすかもしれないことを。」ここで、『モーニング・ポスト』紙［ロンドン］に載った記事との関連で、何よりもイタリアによる計略の可能性が問題だった[67]とすれば、一方、一九一九年一月二七日、ハンガリーの複数の新聞が次のことを報じていた。それは、レンナー首相が、［ウィーン駐在］ハンガリー大使のオスカー・シャルマントと会談し、南スラブ人[68]による侵害に抗して共同行動をとることに合意したこと、また、チェコとユーゴスラヴィアとの間の南スラブ回廊構想[69]を挫折させるつもりだと表明したことである。レンナーはバウアーに応えて、ハンガリー大使がすでに自国の新聞にその報道を否定していると指摘した。

内政でレンナーが最大の注意を払ったのは、行政の構築、新憲法準備、諸州の分離阻止である。一九一九年一月三一日の第三回全州会議で、レンナーは誇らしげに次のことを自己の功績に数えた。それは［国土不可分の規定を含む］国事詔書[70]が廃止された後、レンナーが音頭をとって、すべての州を拘束する統合宣言が発布されたことだった。「我々は事実上、諸州の意志に基づいて今日すでに国家共同体となっております。国事詔書は、我々が民主主義へ向かう途上で、ドイツ人の居住する旧ハプスブルク世襲領にとりまして更新されたも同然でありま す。」「暫定国民議会がこれまで決議した法律はすべて、体制移行のためのものであります。君主制の秩序に代わって自由な国家の秩序を打ち立てねばなりません。」「これまで内閣を導いて参りましたのは、我が国を引っ張って自治あるいは自己統治の体制に辿り着くのだという思いでした。」

レンナーは、その途方もない仕事量によって権威と威信を確保していた。また連立を率いる典型的な首相として、閣内でも他の政党の代表者たち、とりわけヨードク・フィンク副首相やハンス・レーヴェンフェルト＝ルスと良好な関係を保った。ただ、強硬な手段に訴えることもできた。たとえば財務大臣のヨーゼフ・シュンペーター[71]が金融投機に巻き込まれ、また政府に好ましくない政策を数多く行ったので、「レンナーは、情け容赦なく、ほとんど腕ずくで職から追い払った[72]。」

大きな成果がとりわけ社会立法の分野で、この「非常時」にもかかわらず挙げられた。レンナーはとくにフェルディナント・ハーヌッシュ[73]を高く評価していた。ハーヌッシュの［社会大臣」就任は疑いの目で見られていたが、まもなくその人柄は官僚たちだけでなく、閣内でも大きな尊敬を得た。レンナー自身は、もともと誰とでも良好な関係を築くことができて、シュタイアマルク州の首相、アントン・リンテレン[74]とも仲が良く、リンテレンはたびたび内閣官房に顔を出した。また警視総監のヨハッネス・ショーバー[75]は、ことのほかレンナーに心服していて、毎週一度、夜の一〇時に首相を訪問し、最新の出来事を律儀に報告した。こうした話し合いの中でレンナーが、警察の使用する機器の機能について興味を示し、とくに指紋検出法について詳細を知りたがったので、ショーバーは一度番外でやって来て、「今日は首相が講義を受けるんだ」と秘書に来訪を説明した。レンナーも笑って、警察が指紋をどうやって採取するか、事細かに説明してもらった。

レンナーは信じられないほど幅広く多様な興味をもち、すぐれた即興の才も備えていて、しかも、いつでも献身しようとするその覚悟は、誰にもひけを取らなかった。内閣官房では、ゆっくりとではあるが、信頼できる口の堅い優秀な官僚スタッフを育てた。ただ、レンナーは多くのことを自分で片づけようとした。たとえば国歌の歌詞が必要になったときは、自分で作詞もして作曲家のヴィルヘルム・キーンツル[76]に作曲の依頼を行った。また後年になって、自分こそ「オーストリアの女性たちに投票権と参政権を与えるのにもっとも貢献した者である」と誇った。さて、一九一九年二月一六日の第一回選挙で、社会民主党は七二議席を獲得して勝者となり、キリスト教社会党が六九議席、ドイツ民族主義派が二六議席、諸派が三議席と続いた。一九一九年三月一五日、国会でレンナーは控え目に謙虚に振る舞った。「我々に課された課題からしますと、我々は責任を自覚して慎重に対処しなければならないと思われます。」

四月一七日、帰還者と失業者が、第四一人民防衛大隊所属の赤衛隊に支援されて国会に押し掛けた。六月一五日、それに続く共産主義者たちの反乱の企ては、失敗に帰した。社会民主党の全国会議と中央労働者評議会は、こうした暴力をともなうやり方に距離を置いていた。

6　講和代表団団長

レンナーによれば、この頃、キリスト教社会党の指導部が、民主的な農業者のグループから連立に敵対し教権を支持するグループへと移っていった。後者を代表したのはザイペルである。また社会民主党でも、バウアーの率いる左派の優勢がはっきりしてきた。こうした傾向はとくに重要な意味をもつことになる。というのは、レンナーが一九一九年五月初旬、サン・ジェルマンに赴く講和代表団の団長を引き受けねばならなかったからである。候補に挙がった者がみな辞退した後、ヨードク・フィンクとカール・ザイツがレンナーに白羽の矢を立てた。レンナーが後で推測したように、[外務大臣の]バウアーは責任者の汚名を背負いたくなかった。だが、連立政府は、なによりも対立の激化に直面して融和的な首相を必要としていたのだった。憲法制定国民議会は、一九一九年五月八日の審議で満場一致の決議を行った。「講和会議のドイツオーストリア共和国全権代表としてドクター・カール・レンナー首相を指名し、政治顧問としてドクター・アルフレート・ギュルトラー議員[77]とドクター・エルンスト・シェーンバウアー議員[78]を同道させる。」レンナーの任命は、一般にはオーストリア外交政策の慎重な方向転換と考えられ、さらにはドイツとの合邦[79]の放棄として理解されたといわれる。ミヒャエル・ハイニッシュによれば、レンナーはサン・ジェルマンに赴いたことで大きな犠牲を払った。「オーストリア人はそこで、まるで起訴された犯罪人のように扱われた。」

代表団の到着を英国の『ウェストミンスター・ガゼット』紙は、まるで陽気にほほ笑む家族の一団が着いたかのようだと書いた。フランスの新聞はやや冷たい書き振りだったが、それでもレンナーのブルジョア然とした容貌は記者の好みにあっていた。レンナーは後に振り返って、代表団に与えられた相対的な自由について書いている。戦勝国との対決は二回しかなかった。しかし、オーストリアの見解を世界各国の新聞に発表して世論に訴えることを、検閲が阻むようなことはなかった。これは経済と領土の面で譲歩を勝ち取るのに貢献したと思われる。このことによってサン・ジェルマンの講和は、「ともかくも交渉による講和」であり、「ただ押し付けられただけのもの」とは言えない、と。代表団についてリヒャルト・シュラー[80]は、一九一九年五月二三日付けのオットー・バウアー宛て書簡で次のように記した。「雰囲気は悪くありません。みなの関係は良好です。これはなによりもレンナー氏のお蔭です。かれは代表団メンバーとうまくやるコツを心得ています。そしてこの人々を、ティロール人も含めてきちんと掌握しています……。」

六月二日、代表団に講和条件の第一部が手渡された。翌日、レンナーは、ザイツ、バウアー、フィンクと協議するためフェルトキルヒ[81]に赴いた。この会談でレンナーは、オットー・エンダー[82]がスイスに行って、フォアアールベルクの［スイスとの］合邦問題[83]について論ずる計画にも同意した。フェルトキルヒの会談で政治と道徳について論議が起きたとき、レンナーは最後に、政治の要諦は可能なものを実現することにある、という古い言い回しを自分の信条として持ち出した。六月一〇日、代表団は講和会議最高委員会[84]に「オーストリアは生存不能」と題する覚書を提出して、オーストリア共和国が旧帝国の後継国とみなされたことに抗議した。

講和条件の第二部を受け取ったのは七月二〇日だった。これによれば、オーストリアはズデーテンドイツ諸地域を喪失、下オーストリア・チェコ国境の二四六平方キロメートルを割譲、南ティロールを放棄、さらにはミースタール（ウンタードラウブルクとオーバーゼーラントを含む）と南シュタイアマルク（ラトカースブルクを除く）を放棄するものとされた。これに加えて数多くの経済的義務が課され、国防に制限が加えられた。フォアアールベルク問題は検討されず、ドイツ人の居住する西部ハンガリーをオーストリアに組み込むことは認められ、さらにユーゴスラヴィアの南部ケルンテンに対する要求は暫定的に未決とされた。オーストリアとドイツの合邦は禁止された。

フェルトキルヒでレンナーは、ザイツ、バウアー、フィンクと対案の提出を二、三の重要な点に絞ることで合意した。根本的な変更は達成できないと考えたからである。外務大臣バウアーの辞任も議論された。辞任の申し出自体はすでに数週間前、南ティロールをめぐるイタリアとの交渉決裂を機にされていたもので、レンナーが受理を拒んでいたのだった。やはりバウアーは辞任にこだわり、その後一九一九年七月二六日に辞職した。［レンナー秘書の］マルチ・ペルツァーがサン・ジェルマンからルイーゼ・レンナーに宛てて書き送っている（一九一九年七月二七日付け）。「二時間ほど前に首相は、ここに再び到着なさいました。ちょうどこれから外務省職員を前にお話しなさいます。首相は数日前に、かれらの上司におなりです。ひとつ今後確かなこととして申し上げます。首相には、有り余るほどの仕事が待っています。でも、あなた様がお喜びになることを申し上げずにはいられません。首相には、パリでこれ以上のものはないというくらい良い新聞が存在します。そしてクレマンソーに近い新聞ですら、首相にとても敬意を払っています。ギュルトラー（キリスト教社会党）さえ、昨日、私に申しました。『首相は自分の立場を非常に強固なものになさった。誰かがさらに上回ることができるとして、それは首相自身をおいて他にないでしょう。私たちは首相を信頼しています。ドイツオーストリアの最良のお方だ。』代表団メンバー全員の親愛の情と尊敬は、日増しに大きくなっています。」

八月六日、サン・ジェルマンのオーストリア代表団は対案を提出、九月二日、条約の確定文言とともに協商国［戦勝国］の最終回答を受け取った。これ以上の譲歩は期待できそうにもないので、オーストリア議会は九月六日、［民族］自決権の侵害に抗議しつつ、国際法上の不当な条項、しかも政治的に重大な結果を招き、経済的に実行不可能な条項を指摘しながらも「無理強いのサン・ジェルマン条約」を批准した。九月一〇日、レンナーは、原稿ももたず正確なフランス語を操りながら、講和条約調印の場でクレマンソーと対峙した。さて、また新たに、政府内でどう協力していくのかという問題がもちあがった。［連立与党は］政策の大枠で一致するとともに、法案を議会の審議に先立って連立の委員会で協議することで合意した。一九一九年一〇月一七日、新しい政府が選出される。

7 連立の終焉

ドイツオーストリアに代えて、レンナーは「ドイツ・アルペン国」という国名の導入を望んだ。それに先立つ九月一五日の第六回全州会議では、次のように状況を説明していた。「領土と人口で大きな犠牲を払いましたが、講和条約は、拘束力をもち承認された権利を定めています。国家として承認されましたので、これ以降、どの州もどの市町村も、国際法に基づく交渉を行う権能をいっさい有しません。したがって、諸州が個別にスイスで遂行してきた任務[85]は停止されねばなりません。将来にわたる任務は、ただ、すべての政党がまとまることによってのみ達成されます。すべての勢力が結束し力をあわせなければ、オーストリアは没落を待つばかりです。」当時、レンナーはケルンテン州での住民投票開催[86]を一九一九年一二月と見込んでいた。外交面では民主的なイタリアを頼みとし、チェコスロヴァキアとの良好な関係構築をめざした。レンナーが一九一九年一一月、経済支援を求めてパリを訪れたとき、クレマンソー［首相］の目には「素朴で善良な人」と映った。一九二〇年一月に石炭と砂糖の買い付けのためにプラハを訪れた。ベネシュ[87]［外相］とは、万が一のハンガリーによる攻撃に備えるために秘密協定を締結した。またポーランドのソ連に対する干渉戦争では、ブルジョア諸党と協調して中立を宣言し、そのうえ、ドイツ、チェコスロヴァキア、イタリアには「中立の協商」を提案するほどだった。通商条約締結のため、レンナーは一九二〇年のイースターにローマに赴く。これがヨードク・フィンクの怒りを招いた。フィンクが訊ねたにもかかわらず、レンナーがこの訪問をフィンクに告げなかったからである。さらにレンナーはローマで、ローマ法王ベネディクト一五世と枢機卿の国務長官ガスパリに拝謁し、二人から［ウィーン］枢機卿ピッフルの慈善活動費として一〇〇万リラを預かった。フィンクは、レンナーが議会の外交委員会でシュテックラー議員(88)に対して行った答弁に反撥した。「これは終わりの始まりだ。首相は私に嘘をついた。」同年五月二〇日、フィンクはフォアアールベルクの［キリスト教社会党］党大会で動議を提出し、連立離脱を自分に託するよう求めた。「連立の役割は、善きことを為すことではなく、悪しきことを阻止することです。」これに対し、レンナーにとって連立とは、当時もまた、「町や村で組織されている大衆が、信任する人々を介して統治すること」、つまり官憲政府と対立する人民による真の統治を意味した。

キリスト教社会党は、一九一九年末、レンナー政府の反対にもかかわらず、州務省の設立を画策していた。同時に、ハンガリーの右派グループと接触してレンナー政府を打倒しようとしていた。国防大臣(89)の布告をめぐって行われた一九二〇年六月一〇日の審議に続いて、レオポルト・クンシャク(90)が激しい演説を行った。それがまさに連立崩壊につながったのは運命的ともいえる。ちょうどその頃、社会民主党が将来の戦略を協議して、野党に廻ることを決定したからである。この決定の日、レンナーは仕事の予定を変更して、オットー・バウアーのところからヘレンガッセに走った。秘書のマルチ・ペルツァーを連れ出して胸の内をぶちまけるためだった。「とんでもないことが起きた！　いったいどうなるんだ？　もし我々が連立に参加しないというのなら。」レンナーにはひどいショックだった。これは心底からの叫びだった。かれの苦悩が、はたの者にも手に取るようにわかった。一九二〇年七月七日からは、大臣のミヒャエル・マイアーが主宰する［首相を置かない］比例配分内閣が運営された。レンナーは［外務大臣として］外務省に引きこもった。

［帰属をめぐって］予定されたケルンテン州の住民投票を検討する会議が七月二八日、ザンクト・ファイト・アン・デァ・グランで開催され、レンナーも出席した。かれは現地で正確な情報を収集するとともに、ケルンテン分割に断固として反対した。さらに「カラヴァンケン山塊の壁(91)」を最良の防衛施設と呼び、ケルンテンを保持する意向を表明した。こうしたレンナーのケルンテン問題への積極的関与を、州知事レーミッシュ(92)とケルンテン防衛隊は高く評価した。レーミッシュは、首相がケルンテン防御戦の間、援助を惜しむことがなかったことにも触れた。レンナーはまたハンガリーの試みを退けた。ハンガリーは、オーストリアがハンガリー

と政治的に良好な関係を維持したければ、ハンガリーこそが、後にブルゲンラントと呼ばれる土地を領有すべきだと主張したのだった。したがって後年、レンナーが「ブルゲンラント州の解放者」と讃えられるのももっともなことである。

この間、憲法の審議もまた最終段階に入った。レンナーは法学者のハンス・ケルゼン(93)に憲法草案の作成を依頼していて、新憲法が連邦制国家の性格をもつとともに、中央諸機関を強化するという目標を与えていた。また国家形態としては、議会制共和国を予定していた。レンナーに督励されて、ケルゼンはワイマール共和国を模範としつつ、一連の自由権を構想した。憲法について二大政党は、いわゆる「レンナー・マイアー草案」の形で一定の歩み寄りを見せていたが、いまだ共通の基盤となるには不十分だった。そこで国民の一般権利に関する旧国家基本法［一八六七年］を採択した。ケルゼンは従来の憲法から役立つ部分を継承し、できるだけ憲法上の継続性を保とうと努めた。このため一九一七年の戦時経済全権委任法もそのままにされた。一九二〇年一〇月一日、憲法制定国民議会はついに連邦憲法を採択した。社会民主党はどちらかといえば実を取り、キリスト教社会党は形式面で主張を貫いた。

8　荒野に呼ばわる者

一九二〇年一〇月一七日の選挙で、社会民主党の議席は六九に減少し、キリスト教社会党は八五議席で最強の党となった。そしてドイツ民族主義派は二八議席で、ほぼ変わらなかった。レンナーは、野党政治家として行った初めての演説で、対立が先鋭化しつつあることをほのめかして、波乱に満ちた将来を先取りした。またキリスト教社会党を信用できないと決めつけるとともに、いまや影響力ある野党こそ、労働者の利益を擁護する最適の手段とみなした。「プロレタリアートはもはや烏合の衆ではありません。敵が武器を手にしているとき、プロレタリアートが手をこまねいて傍観することはありません。」ただ、レンナーは、政治の最前線からは身を引いた。思うことがあるときはしばしば、友人のペルツァー[94]やゼーヴァー[95]を党執行部に派遣した。党では、いまやバウアーとその仲間が優勢となり、レンナーは、激化する反目に我関せずと、議会のさまざまな委員会で活動し、党学校や外国で演説・講演するとともに論文や著作を執筆した。

レンナーは再び協同組合運動に力を注いだ。一九二二年には、労働者銀行を設立して取締役

1926年頃、ウィーンで開かれた協同組合大会に参加したレンナー

会の首席代表に就任した。ただ、この役職が「公的要職にある者の」兼任禁止法に抵触したため、辞任を余儀なくされた。国際協同組合連盟では、ベルギーやフランスによるルール地方の占領［一九二三年］に抗議の声を挙げ、イタリアやハンガリーのファシズムに反対を表明した。レンナーはこうして自然に国内外の数多くの団体に所属することになり、著名な芸術家たちと付き合いを深め、党内の友人たちとの交流を大切にした。また家庭ではとても愛情のこもった生活を営み、娘のレオポルディーネとのきずなには、ことのほか深いものがあった。孫たちの勉強のめんどうを見てやり、こころ静かに詩作も行った。

レンナーの経済への積極的な関わりは

数々の活動となって現れ、表向きの任務の比ではなかった。さらに、自国政府に迫害され差別される友人たちのために介入する活動が加わった。状況が先鋭化して武装対決が起こり、内乱の危険が生まれるとともに、再びレンナーは日々の政治に引き戻された。国内政治の大物たち、すなわちイグナーツ・ザイペルやオットー・バウアーとレンナーとは、数多くの共通点をもっていた。ザイペルとは、そのときどきの現実に適応する能力の面で共通し、バウアーとは、まばゆいばかりの知性、オーストリア人に典型的な人を引き付ける力、民主主義の根本的な理解、そして共産主義とファシズムの拒否という点で一致していた。レンナー自身に言わせれば、かれとザイペル、バウアーを分つものは、二人が階級闘争を過大視することだった。レンナーが望んだのは、労働者たちが犠牲を払うことなく、所与の条件下で最善のものを引き出すことである。レンナーは現実から出発して、その後にはじめて自分の行動をマルクス主義の理論に組み込んでいった。これに対しバウアーを導いたのは、理論上の認識であり、かれは日々の政治問題よりイデオロギー上の目的を優先させた。バウアーは、権力の奪取を社会主義と民主主義の前提と考えたが、レンナーは、政府への参加のうちに、すでに社会主義と民主主義に向かう一歩をみた。かれは一九二六年の［社会民主党］リンツ綱領を基本的に正しいものと見なしはしたが、時宜にかなっているとは思わなかった。というのは、対立の緩和こそ、前面に押し出されるべきだと考えたからである。

Dr. Karl Renner bemühte sich besonders in den Jahren zunehmender Eskalation der politischen Gegensätze um Verständnis und um das Schlagen von Brücken zueinander.

レンナーの徒労に終わる協調の呼びかけ（H・アイナーの風刺画、1930年）

負傷者数百名と死者八九名をもたらした一九二七年七月一五日の司法会館焼き討ち[96]の後、レンナーは改めて、「見かけだけの革命騒ぎ」に代えて「管理という積極的な革命行為」が必要であると主張した。かれは協調の体制を打ち立てることを望んだのだった。しかしながら、レンナーは一九三一年、オットー・バウアーとともにザイペルの提案した挙国一致政府樹立案を退けた。これはその後、重大な結果を招くことになる。当時、社会民主党は権力基盤をいまだ確保していたと考えられ、民主主義を救えたのではなかろうか。党は、一九三〇年一一月九日の選挙で七二議席を得て最大の党になった。その後、レンナーは亡くなったエルダッシュ[97]の後継者として一九三一年四月二九日、国民議会の第一議長に選出された。この年、大統領職の社会民主党候補としても立候補したが、国会両院総会でヴィルヘルム・ミクラス[98]に敗れた。

悲劇的とも言えるのは、よりにもよって社会民主党の国家・行政の思想家であるカール・レンナーが、一九三三年三月四日の重大な議会審議で議長を辞任したことである。この審議では、給与の強制的分割払いに反対する鉄道労働者のストライキをめぐって、政府が票決で敗れた。その票決に際して手続きの誤りがあったという申し立てが行われた。［レンナーを辞任させて］議会の票決を有利にしようとする社会民主党の行為は、民主主義に思いがけないブーメラン効果をもたらした。副議長のラーメク[99]［キリスト教社会党］とシュトラッフナー[100]［大ドイツ人民党］も辞任したのである。シュトラッフナーは、「中断された審議」を一九三三年三月一五日に再開しようとしたが、国会に警官隊が導入されて成功しなかった。このシュトラッフナーが主宰した審議の議事録に発言が記録されたのは、再びレオポルト・クンシャクだった。かれは、シュトラッフナーのあらゆる職務行為に「正式に、かつ断固として」反対する、なぜなら、［この審議に］参集すること自体が、すでに「議事運営規則に反している」からだ、と述べた。［首相］ドルフースは、もはや議会を欲しなかった。そこで多数となっても、僅かのことであり、しかも不安定だったからである。ドルフースは、「議会の承認がなくても」緊急令で統治することができた。レンナーは、国民議会の主務委員会を再招集しようとしたが、阻止される。連邦大統領のヴィルヘルム・ミクラスは消極的な態度に終始した。レンナーが社会民主党の了解を取り付けて大統領に「国家緊急事態法」――これは実質的に社会民主党の解党を招く――を提案したにもかかわらず動かなかった。少なくとも合法性の体裁は確保されるべきだったが、それすらも余計なことであった。その頃、社会民主党内ではバウアーを退任させ、レンナーに代える可能性が検討された。一九三四年二月初旬になおも、レンナーは州のレベルで議会を救済する行動を開始した。しかし、その活動は一九三四年二月一二日の事件で潰え去った。

9　二度の逮捕

一九三四年二月の闘争は、公式発表だけでも一一八人の社会民主党指導者と一九六人の共和国防衛同盟員の死亡をもたらした。さらに戒厳令布告後、防衛同盟幹部九名が処刑され、一万名以上が勾留された。一九三四年二月一二日、レンナーはウィーンの下オーストリア州庁舎で行われていた話し合いの最中に逮捕された。反逆と共謀の容疑で、まずロッサウアー・レンデ通りのウィーン警察留置場に収容された。はじめレンナーは最悪の事態を覚悟し、留置場で死亡することもありうると見込んだ。しばらくして状況は変わる。警察の留置場から二月一五日、家族宛てに最初の手紙を書いた。「わけも分からず、お前たちにさようならも言わず別れた。いつものように、良心に恥じるところなく居る。」「収容状態はまあまあだ。房は広く衛生的につくられていて、暖房もきいている。」「この留置場は、忘れがたい友人で自分の後継［首相］だったショーバーが造ったものだろう。」レンナーに外の情報は入らなかったが、勾留は長期化すると理解した。家計を心配し、手紙を次のように締めくくった。「ルイーゼ、元気でいてくれ。いつものお前のように！　まだむしり取られたわけじゃない！」三月初旬、地方裁判所に身柄を移されたが、そこの房も満足のいくものだった。レンナーは自宅の改築プランを考え、将来、外国雑誌に書く記事に思いを巡らすとともに、協同組合運動がルートヴィッヒ・シュトローブル[101]――政府命令により設置された管理委員会の委員長――によって生き残ったことを喜んだ。当然のことながらレンナーは、自由の身になることの他はなにも望まなかった。「釈放がいつになるか、それは誰にも分からない。政府は現在、自らのことに忙殺されているから、我々のことなど考えないだろう。裁判は、党幹部と私自身に関する限り、政府には具合が悪いだろう。自分の身についてはなにも心配していない。」

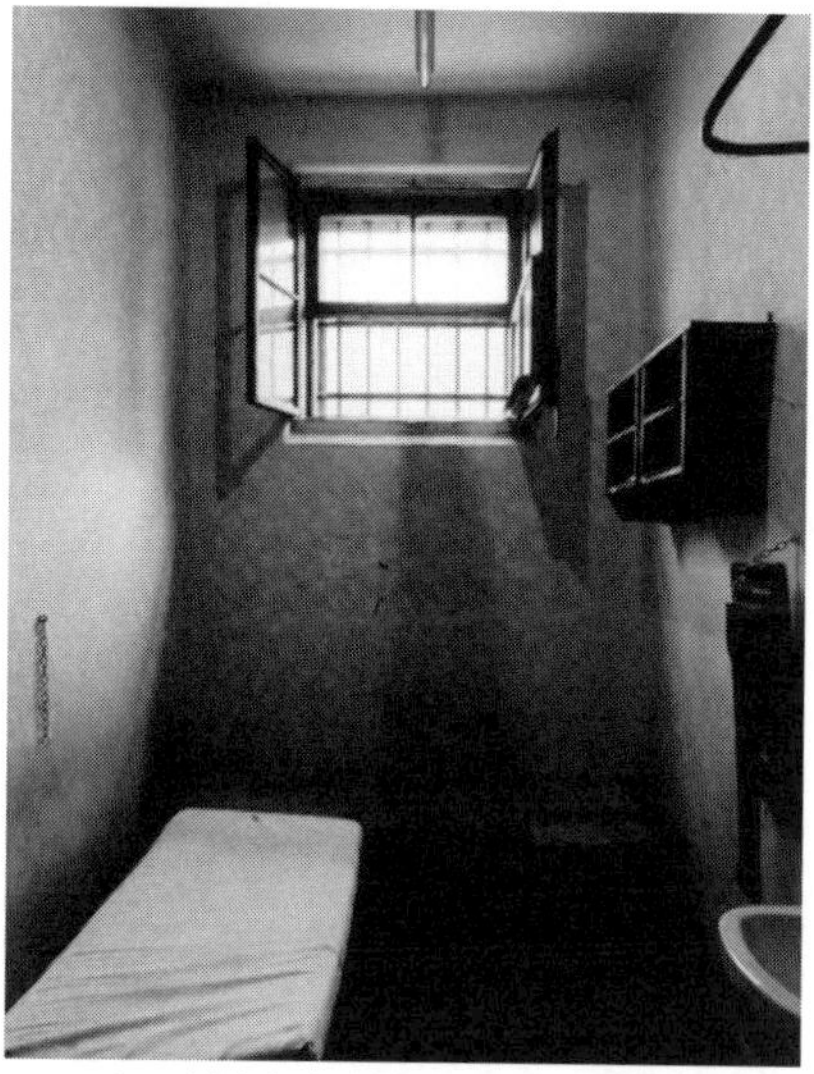
レンナーが入れられたウィーン地方裁判所の勾留房

　レンナーは三月一日から七月七日まで予審判事ヴェープレクの尋問を受けた。判事は後に身の回りの者にもらした。レンナーへの尋問は、自分がそれまで判事として経験したなかで、もっとも夢中になるものだった、と。レンナーはなによりも次のように説明した。社会民主党は、一票二票で採否が変わる国民議会の状況は困ったものだと考えてきた。白黒がはっきりした状況をつくり出すには新たな選挙が望ましいと考えた。そのため、「確実に」議席を失うという犠牲を払う用意もあった。選挙後、連立政権に参加するか、あるいは、これまでよりも弱い立場で野党に回るつもりだった。自分が国民議会議長を辞任したのも、起こるべくして起きたものだ。というのは、ショーバー連合(102)が崩壊して、自分を当初、議長に選出した多数派がもはや存在しなかったからだ。国会は再び正常化することができたはずだ。政権諸党が、自分の行った主務委員会の再招集を保留せず、賛成してさえいれば、と。レンナーはさらに語る。憲法への忠誠を誓った上級国家諸機関は、巻き添えを食った国会を再建する義務があり、その機能を奪って自分のものとすることは許されない。自分が最後になって起草した職能身分代表制憲法案は、社会民主党の側から行った、考えうる限り最大の譲歩だったことは明らかだろう、と。二月一二日について語る。大衆ストライキはごく自然に発生した。暴動ではなかった。社会民主党が引き起こしたのではない。政府自身が、不満を逃すすべての安全弁を除去したことにより、暴発を意識的に引き起こしたのだ。社会民主党は法秩序を変更しようとは決して思わなかった。右翼が今にも起こしそうだった体制転覆を阻止しようとしたのだ、と。

レンナーは四月初めに、勾留仲間で下オーストリア州の党友オスカー・ヘルマーから聞いた。プラハの新聞によれば、外国でレンナーの身を深く憂慮していること、釈放が復活祭の頃になりそうなことである。ヘルマーは、二月の敗北に責任ある社会民主党幹部が、まだ犠牲が足りないとでもいうように、ブリュンを拠点に活動を続けている、と述べて怒りを隠さなかった。あいつらが減らず口をたたけないようにぶちのめしてやらなきゃと、レンナーに語った。オットー・バウアーは、レンナーの秘書をしていたマルチ・フェルネベック［旧姓ペルツァー］をブリュンで見かけてレンナーの安否を尋ねた。フェルネベックがバウアーに「まあまあです。でも、料理にパプリカがつかなくって不自由なさってました」と言うと、バウアーは応えた。「そんなもの、なしですませそうなものを！　こんな状況でパプリカを欲しがるなんて！」ロバート・ダッネベルク(103)の房は一階にあって、かれがレンナー宛てに、「君の房はちょうど僕の頭の上だ。朝早く、どんどんと音が聞こえるんだが！　しっかり体操でもやっているのかい？」と書いたとき、レンナーは、すでに筋肉痛のため体操を中止していた。

パウル・リヒター(104)は、党指導部が穏健派の意見に耳を貸さなかったことを大いに嘆いた。またかれはレンナーの平静さを高く買っていたが、その平静さでレンナーが勾留をストイックに乗り切ってくれることを願った。勾留された者たちをみな、ひどく動揺させたのは、ヨハン・ペルツァーの死だった。勾留がさらに長引くようであれば、他の多くの友人たちが心配だと、ヘルマーはレンナーに語っている。一九三四年五月一日にこれ見よがしに採択された権威主義的な憲法もまた、囚われた者たちの心に重くのしかかった。最大の心配は、アルバート・ゼーヴァーの病状だった。ヘルマーはレンナーに一肌脱ぐように頼み、やり方を提案したりもしている。ヘルマーはまた、レンナーが試練を見事に模範となってくぐり抜けていることをよろこんだ。

五月二〇日、レンナーは釈放された。連邦大統領ヴィルヘルム・ミクラスが一九三五年一二月二一日になって、カール・レンナーに対する訴訟手続きを停止するよう命じた。だが、勾留にともなう補償は受け取れなかった。というのは、レンナーが「一九三四年二月一二日の暴動を招いた反乱の企て」を知っていながら、阻止できなかった嫌疑が残ると、州刑事裁判所が認定したからである。二月の出来事は、全般的にファシズムへ向かう趨勢のヨーロッパにあって、オーストリア民主主義の終焉を画するものだった。一九三四年七月二五日のナチスによる蜂起と首相エンゲルバート・ドルフースの殺害は、新たに一連の逮捕を引き起こした。レンナーも再び囚われた。すでにグログニッツの町長職を追われていたフランツ・ディッテルバッハ[105]とともに、グログニッツの勾留施設に二日間監禁された。警察は旧図書館を勾留施設に転用し、面会の許可も十分に出したが、それで自由剥奪の苦痛が和らげられるということはなかったろう。このころ、レンナーは恒常的に警察に出頭しなければならなかった。かれは述べる。立証過程で否応なく明らかになったことは、「官職・位階にかかわらず、我々が哀れな犬にとどまることだ。党と運動を我々は大きく豊かなものにしてきた。しかし、我々は『神の怒りに触れた』ままだ。」

オーストロ・ファシズム独裁の時代［一九三四―三八年］、レンナーは、ハインリッヒ・シュナイトマードル[106]によれば、オーストリアに留まった社会民主党幹部たちの歓談の場にいつも顔を出していた。ウィーンのカフェー（ジラーやドープナー）で、あるいは一九三七年末から一九三八年三月までは、タウプシュトゥメンガッセにあったレンナーの住居に集まって、トランプやビリヤードをして過ごした。しかしながら、革命的社会主義者（ＲＳ）[107]のグループとその非合法活動にはかかわらなかった。ブルーノ・クライスキー[108]は一九三六年に釈放されてから、ときおりレンナーと連絡を取ることができた。そんなときレンナーは、自分がＲＳの活動を認めないという噂――この噂は、禁圧された社会主義運動の内部に当時広まっていた――をはっきり否定するだけでなく、参加する若い人々をその可能性のゆえにうらやましく思うと述べた。もちろん、こうした者が「右派レンナー」に対して抱いている冷ややかな態度を知っていたが、かれは非合法活動を行う者にとても好意的だった。ただ、ＲＳが自分の信条と一致しないことを認め、自分は非合法活動がまったくできないことを、それとなく伝えた。このころ、レンナーは何度も外国旅行をすることが許された。一九三五年の九月には国際社会進歩協会［国際労働機関の関連組織］のブリュッセル会議に参加することができた。ブリュッセルから妻のルイーゼに宛てて書く。「大歓迎されて名誉会長に選ばれ、おまけに、ときどきスイスに出かける特別の用ももらったよ。」一九三七年七月、レンナーは許可をとって、パリで開かれた社会政策大会に出席した。この旅行のついでにフリートリッヒ・アードラーと会おうとした。アードラーは最初の返事で、レンナーをとがめた。レンナーが三年半も連絡しなかったからである。アードラーは最初の返事で、レンナーがみずから引っ込んだことにより、党内で重みが大きく失われたことに触れた。アードラーが気分を害するつもりはないが、と断りつつ、レンナーの無関心を非難した。レンナーが答える。自分はこれまでの人生で、何らかの地位や権威を求めて競り合ったことはない。いつも役目を、それがどんなに困難なものであっても、拘泥することなく務めてきただけだ。だから、この期に及んで誤解されようと、それは「どうでもいいことだ」。自分は弁明なぞしようと思わない。四〇年も合法的に活動して齢を重ねた者は、いずれにしても非合法活動などできない。自分にむいていない任務には距離を置く、と。さらにレンナーは、アードラーに注意を喚起する。ＲＳが社会民主党と同じだということはできない。共産主義者と一体になった行動共同体は新しい産物であり、オーストリアで幅広い基盤を獲得することは決してないだろう、と。

10　ヒットラーに抗して、しかし、合邦には賛成

ヴィルヘルム・キーンツルに宛てた手紙で、レンナーは、一九三七年一月、次のように打ち明けた。「我々は戻って来るだろう！　きっとその思想において。たとえ生きているうちに自ら復帰することはないとしても。戻って来ることを願おう。」一年と少々後に、この希望ははるかかなたに押しやられた。というのは、キーンツルとレンナーのオーストリア——もっともすでに職能身分代表制国家に変形されていたオーストリア——は、一九三八年三月、ヒットラーのドイツに占領されたからである。一九三八年二月一二日のベルヒテスガーデン協定(109)の後も、レンナーは誰に相談することもなく、グログニッツからウィーンに赴き、シュヴァルツェンベルクプラッツにあるフランス大使館を訪ねて大使に訴えた。西側諸国はついにこれで、オーストリアをヒットラーのドイツから守らねばならない、と。一方、ドイツとの合邦は、何十年もの間、レンナーの望むところだった。一九一九年のレンナーは確かに、他の多くの者のようには合邦に積極的でなかったといえる。しかし、かれが一九一九年に述べた次の確信は、赤い糸のようにかれの生涯を貫いている。「ドイツ人の民族共同体は、いつまでも壊すことは

できない。国家共同体は、遅かれ早かれ民族共同体の後を追う。」レンナーは、オーストリアがワイマール憲法下のドイツと合邦するための諸原則を練り上げるとともに、次のように主張していた。この合邦はどのような形態でも可能である。社会民主党は、国家統一の途上でどんなグループとも協力しなければならない、と。レンナーは繰り返し、合邦実現のためオーストリアを支援するように外国に訴えた。一九三〇年、［ドイツの］首相ヘルマン・ミュラーに向かって、時間を置かずドイツと一つの国家に統一される期待を表明した。レンナーの合邦による親近感は、グログニッツの町旗の色にも表れた。レンナーが、ドイツ国旗にならって黒赤金の色に決めたのである。また墺独人民同盟(110)とも協力し、とくに議長のヘルマン・ノイバッハー(111)と良好な関係を保った。さらにズデーテンドイツ郷土会とのつながりもあった。しかし、ナチスとヒットラー・ドイツとに対するレンナーの態度はそれとは別だった。すでに一九二九年、ナチス党・ヒットラー運動(112)のウィーン・ノイバウ区グループが催した大会に出席することを拒否し、この大会のためにすでに印刷されていたポスターを「愚かであつかましい広告」と呼んだ。かれは、ナチス・ドイツに迫害されたドイツの活動家のために何度も介入し、協同組合運動では、ナチスによる密かな影響力拡大の危険について根気強く警告を発し続けた。さらには、一九三七年七月のパリ滞在中、『ポピュレール』編集長のローゼンフェルト(113)やフランス外務大臣デルボス(114)に対し、オーストリアでナチスがもつ魅惑の危険性を指摘していた。レンナーは語る。すでにシューシュニク[115]が、ユダヤ人を公職から計画的に追放した。ナチスの強い潮流が農民の間に見られる。教会では、枢機卿のイニッツァ[116]が、合邦を目指す代表人物である。成人に近づいた世代は、ナチスの影響にさらされ、若い社会主義者たち――その父親たちがオーストロ・ファシズムに迫害された――は、ナチスによってうまく手なずけられている。とりわけ、ナチスが教権支持者にますます激しく挑むことで、強い魅力を発している。レンナーはデルボスにむかって、唯一効果的な対処法はドナウ連合[117]の創設である、と述べた。これは、とくにドイツに脅かされたチェコスロヴァキアに居住するドイツ人の民族的な期待を高めるだろう、と。

「合邦条項[118]」はヒットラーの政権掌握後、社会民主党の綱領から除かれていた。レンナーにとって、褐色の権力者［ファシスト］が自分の友人になることは金輪際ありえないことだった。そこで、かれはまず逃避を考える。行先はといえば、自分が向かう先としてだれも思いつかないと思われたベルリンである。すでにホテル・アドロンに部屋をひとつ予約しておいた。家族全員のために寝台列車も予約された。

ベルリンからならば、レンナーはどこへでも出国できたろう。しかし、一九三八年三月二六日、タウプシュトゥメンガッセにあるかれの住居に突然、ゲシュタポの大きなベンツが乗り付けた。当初、レンナーが逮捕されるものと思われた。しかし実際は、係官がレンナーとともにグログニッツに行き、サン・ジェルマン条約調印の国璽と条約関連書類を探すためだった。しかし、第三帝国の機関が目の前に現れたことは、レンナーへの圧力になったことだろう。というのは、ルードルフ・ネック[119]がいうように、その数日後、ザイツが、現職のウィーン市長ノイバッハーとレンナーとの会見の手はずを整えたからである。ザイツは、ノイバッハーの介入でナチスの勾留から釈放されていた。会見の際、レンナーは、首相として自分が一九一八年以降に掲げた諸目標が「合邦」で実現したため、感激の面持ちだったといわれる。レンナーはノイバッハーに対し、一九三八年四月一〇日に予定された「合邦をめぐる国民投票」に際して、かれを支援することを申し出た。レンナーはそのうえ、「合邦」への賛成票を労働者に呼び掛けるポスターに、自分の写真が印刷されることに賛成したともいわれる。ノイバッハーとその部下たちは、この件をウィーンでは決められないと考え、ミュンヘンにいるルードルフ・ヘス[120]に尋ねた。ミュンヘンでは、そこまでやるのはやり過ぎ、という見解だった。しかし、オーストリアの報道機関で成り行きを発表すべきであり、インタビューをオストマルク放送[121]で流すこととされた。こうして、『新ウィーン日報』一九三八年四月三日のレンナー・インタビュー記事、「私は賛成票を投じる」[付録二参照]が実現した。かれはその中で、もともと古い、すでに長い間使いまわした自分の考えを取り上げ、一八六六年から一九一八年までの「情けない幕間劇[122]」とならんで、共和国設立に際して荘重になされた合邦への意思表示を呼び起こした。自分

［レンナー］は社会民主党を代表して話すという付託を受けたわけではない。しかしながら、「合邦」が自分の良しとした方法で達成されなかったとはいえ、社会民主党員として、元首相、そしてサン・ジェルマン講和会議代表団団長として賛成の票を投じる、と表明した。レンナーの態度は、党内でも孤立したものというわけではなく、ハインリッヒ・シュナイトマードル、元ウィーン市参事アントン・ヴェーバー(123)、あるいは元ブルゲンラント州議会議員ハンス・スシャール(124)も同様の態度を表明した。

こうした姿勢は間違いなく、オーストリア人による第三帝国への抵抗を殺いだ。ただ、この問題を考えるには、司教団が出した［合邦賛成の］声明(125)も併せて考慮しなければならないだろう。すでに一九三八年に主張され、一九四五年以降に広まった説明、つまりレンナーは自分が賛成表明することで、勾留された社会民主党員たちを救おうとしたのだ、という説明はまったく根拠がない。さらには、ユダヤ人の娘婿を抱えた自分の家族のためだった、という説明も当たらない。というのは、かれは問題のインタビューが掲載されて数日後、友情が損なわれるのもかまわず、ある友人に向かって、自分は自分の信念にしたがって行動したのだ、とはっきり話しているからである。その半年ほど後には、匿名でオランダの新聞のインタビューに答え、さらにあからさまに説明した。それに先立つ一九三八年五月には、英国の雑誌『ワールド・レビュー』で、なぜ自分が賛成票を投じたのか、詳細に理由を説明していた。この記事の中でも、自分が強いられた状態に置かれていたのではなく、まったく自由に意見表明したことを認めた。ただ、誤解を避けるため、決してナチスに転向したのではないことも明言した。「自分は党人として、これまでいつも全国民のために犠牲を払ってきました。したがって、民主主義者として、自由な社会主義者として、そして人道的な世紀の子として、理解しがたい人種主義の体制に屈服しなければならないことは痛恨の極みです。しかし、諸国家は存続し、諸民族は何百年にもわたり生きます。一方、体制は転換し、諸政党や世代はやって来て、また去って行きます。」レンナーは一九三八年末、再び表に姿を現し、ナチスの出版社からズデーテンドイツ問題に関する冊子を、当時の体制側の立場に立って刊行した。もちろん、こうしたあらゆる活動によっても攻撃をかわすことはできず、SS［ナチス親衛隊］の雑誌『黒い軍団』がレンナーを批判することになった。一九三九年、かれはウィーンの下ドナウ大管区長フーゴー・ユーリ[126]を訪れ、ユダヤ人である娘婿のハンス・ドイチュがグログニッツに引っ込んで暮らすことができるかどうか尋ねた。ユーリの返事は、それを可能にしようということだった。しかしながら、ハンス・ドイチュが実際にレンナーの別荘に移って暫くして、ナチスのグループによりヴィーナー・ノイシュタットに連行され、そこでひどい罵りをうけながら、血まみれになるまで殴られた。レンナーの娘婿はその後、機会をとらえてオーストリアを去り、英国に向かった。

レンナーは一九三八年以降、下オーストリア州のグログニッツに隠棲した。その地で遠出を楽しむとともに、高齢をものともせずにダンベル体操を欠かさず行い、水浴の水は氷のように冷たかった。また多くの時間を読書に費やし、さまざまなテーマで学び、語学学習に努めるとともに、自伝を書き進め、四〇〇ページにもなろうという『現代の世界像』——韻文のルクレティウスにならった浩瀚な書——の草稿を書いた。平穏な引退生活を誰にも妨げられず楽しむことを別にすれば、自分に望むことはなかった。定期的に地元の映画館に出かけた。レンナーの「堂々とした」姿は、グログニッツで好感をもって迎えられた。住民とは良好な関係を保ち、ときおり自ら買い物に出かけて余所の庭を通りかかると、住民がなにがしかの食糧を買い物袋にそっと入れてくれることも稀ではなかった。自宅の野菜畑では、心地よい気晴らしの仕事があった。党内の交流では、下オーストリア州の党友たち、とくにフランツ・ポップ[127]との付き合いが多かった。友人とはタロットをしたり、自家製の焼酎を酌み交わしたりした。ときおりパウル・シュパイザーがウィーンから訪ねてきた。レンナー自身も毎週木曜日、定期的にかつての首都のウィーンに出かけた。その際、すでに八〇歳になった姉を訪ねた。自分の秘書のティルデ・ポッラクには、手書きの原稿をタイプしてくれるように渡し、友人たち、とくにアードルフ・シェルフとカフェー・ヴェークフーバーで落ち合った。レンナーによれば、政治にはまったく背をむけて、たわいもないことを話題にしたという。しかし実際には、多大な興味をもって進行中の出来事に注意を向けていた。自分には「ヒットラーの征服戦争の初めから……この冒険がどのような結末を迎えざるをえないか、はっきりしていた」というレンナーの発言は、信ずるに足りそうである。いずれにしても、批判を徐々に強め、危険を恐れない大胆なレンナーの態度は、交わした手紙によって裏付けられる。すでに一九四〇年、パウル・シュパイザー宛の手紙でナチスに反対する態度を表明し、ニコルスブルク時代の学友である高位聖職者のヴォルフガング・パウカー[128]には、その一年後、次のように書き送った。「現在の出来事は、歴史発展の重大な転機になりつつある。旧きものは没落して、もう戻ることはない。……我々老人にとって……その存在にとって残るは、おそらくあと一度の万霊節だけではないのか。」

連立政権時代の食糧管理大臣だったハンス・レーヴェンフェルト＝ルスには、我々は中世の人種的偏見にまで頽落してしまった、「我々ドイツ人」が、保障された諸権利を再び享受するには何十年もかかるだろう、と書き送り、続けて、世界は恐るべき悲劇の中で転換点に向かっている、時の流れとともに解決に近づくんだ、だから生き延びようではないか、と記した。こうしたいくつもの手紙の中で、ナチス体制が崩壊した暁には、自分は責任を引き受ける用意がある、と言う。まさにレンナーが一九四五年になって実際に口にすることである。レンナーは一九四三年、バート・ハルでエルンスト・コーレフ[129]と会い、将来の政治について議論した。第二次世界大戦中一度、グラーツまでも旅をしてラインハルト・マッホルト[130]に会った。二人は離れに籠り、政治会談を行う。RSのグログニッツの活動家、カール・グレットラー[131]には深い信頼を置いていたに違いない。というのはグレットラーに向かって、ドイツにとって日増しに不利になる戦争の動向を評して述べた。「我々にもまた良き時代がやって来るだろう。もう長くはかからない。」シュタウフェンベルク[132]がヒットラーを暗殺し損ねた一九四四年七月二〇日の後、レンナーは本当に残念に思った。

11　自ら再浮上

一九四五年三月、ハンガリー方面からトルブーヒン元帥(133)の率いるソ連軍が、ドイツ南方軍の残存部隊を蹴散らしながら接近して来たとき、すでに七五歳になっていたグログニッツのカール・レンナーのもとにレーヴェンフェルト゠ルスから手紙が届いた。そこには、荒涼として絶望的なウィーンの状況が述べられ、先に行われたヴィーナー・ノイシュタット地域への空襲のため、「首相殿」の身を案じていることが記されていた。打ち続くひどい経済的困窮は払拭できそうにもないことも語られていた。「世界はいま、古代世界の没落にも比すべき断末魔の苦しみを経験しています。この戦争が終わって、昔のように暮らしを営むことができるなどと信じられるのは、ただ愚か者だけでしょう。一九一八年以降の復興は、現在と比べるならば、至福のときと言えましょう。」

この黙示録的な時代分析が、レンナーを怯ませることは少しもなかった。時流にそぐわない現実べったりの政治行動をとかく非難されたレンナーが、いままた行動を起こした。ナチスがグログニッツからすでに退去した三月末、かれは人々の前に姿を現し、町の広場に集まった住

書き物机に向かうレンナー（1945 年）

民に、まもなく赤軍[134]が町に進駐するときに取るべき適切な態度について知恵を授けた。その忠告とは、しばらく町を去って、情勢が落ち着いたら戻って来る、というものだった。共産主義者のエルンスト・フィッシャー[135]は、一九四四年六月のインタビューの中ですでに、将来オーストリアで再び責任を共にすべき人物にレンナーを加えていた。

三月三〇日ないし三一日にモスクワのソ連軍大本営で開かれた作戦会議で、スターリン[136]は総司令部の幕僚に向かって、社会民主主義者レンナー――カール・カウツキーの弟子で、オーストリア国会最後の議長――の行方を尋ねた。スターリンは語る。社会民主党もヒットラー独裁から何らかの教訓を引き出したであろうから、この影響力の大きい反ファシズム勢力を無視できないだろう、と。かれは、レンナーを探しだすように指示を与えた。こうしてしかるべき命令が、第三ウクライナ方面軍に電話で発せられた。

ソ連軍が復活祭の日曜日正午（一九四五年四月一日）にグログニッツに進駐したとき、レンナーは森の中の防空壕にいた。ここにも間もなくソ連軍の将校が現れた。保護を求める者たちが、元首相のレンナーがいることを知らせたのである。将校はレンナーを「社会主義者」と認めはしたが、その金時計は奪われたといわれる。

翌日、社会民主党の活動家たちが別荘にいたレンナーに、ソ連軍がすでに共産主義者の町長を据えたことを知らせた。レンナーは、対抗町長を合法的に立てるように助言し、活動家たちはこれに成功した。またソ連兵士が狼藉を働いたので、レンナーは怯える地元住民のために掛け合おうとした。しかし、わざわざ出かけた地区司令部での面談の主な目的は、オーストリア国家の再興に当たって、自分が協力する用意があることを表明することだったと思われる。前もってレンナーは用意周到に、英・仏・ラテン語訳を添えた、しかるべき書簡を用意していた。グログニッツの住人二人、さらに町に住みついたチェコ人と一緒に、レンナーは四月三日、地区司令部にでかけて行った。そこで通訳の助けを借りながら明らかにしたのは、自分は元首相として、そしてサン・ジェルマン講和会議代表団団長、最後の国民議会議長として新生オーストリアのトップに就く用意があるし、資格も十分であるということだった。地区司令部は、単独でこの件を処理できなかったので、レンナーにケットラッハの師団司令部に一緒に行くよう要請した。かれは帽子もコートもなく、杖も持たずに、グログニッツからの同行者と四人のソ連軍兵士とともに二キロの道を歩いてケットラッハに向かった。レンナーがケットラッハの第一〇三親衛狙撃兵［歩兵］師団幕僚と交わした会話を載せた第三ウクライナ方面軍の報告が、翌日、［モスクワの］総司令部に到着した。(137)「たばこの煙が充満した師団参謀将校の働く部屋に、堂々とした老人が、きちんとした黒い服を着て入ってきてドイツ語で自己紹介した。はじめは誰も特別に注意を払わなかった。やがて、政治将校の一人が、誰と話しているのかに気付いた。そこですぐに上司に報告した。」レンナーに対してグログニッツの混乱を正す約束がなされ、併せて、さらに上級の司令部に一緒に行ってもらわねばならないことも説明された。レンナーは幌を掛けた貨物自動車に乗りこみ、その自動車は、山の中の見知らぬ場所へとかれを運んで行った。

ブックリゲ・ヴェルト地方のホッホヴォルカースドルフにはソ連第九親衛軍の司令部が置かれていた。レンナーは、オーストリア抵抗運動の全権委員であるフェルディナント・ケース(138)が直前に宿泊していた住居に収容された。だいぶ待たされた後、司令部の幕僚に迎えられる。レンナーは説明する。自分はすでに高齢ではあるが、オーストリアに民主的秩序を打ち立てるため、あらゆる方法で協力する用意がある。共産主義者と社会民主主義者はいまや、ファシズムを倒すという共通の課題を抱えている、と。レンナーは、ヒットラー［による併合］前の最後の国会議長であることを強く意識して登場し、戦争が続く間の暫定政府樹立に協力することを申し出た。ただ、そのような政府からは、はじめからファシストを排除することを望んだ。さらにウィーンでは大部分の者が意気消沈して落ち込んでいる様子をソ連軍に説明した。一方ソ連軍からは、レンナーが詳しく述べたことを、ほんとうに自分で実現する用意があるかどうかを問われて、レンナーは、まずは熟慮の時間が必要であると言い訳して返答せず、グログニッツに帰ることを望んだ。レンナー出現の報がモスクワに届いたとき、スターリンは満足げに応じて、第三ウクライナ方面軍の司令部に宛てた電文を口述した。その内容は、レンナーに信頼を寄せること、ソ連軍総司令部は、オーストリアの民主主義再興に当たりレンナーを支援すること、レンナーに対しては、ソ連はオーストリアを併合することを望んでおらず、ファシズムからの解放を目指していることをわからせる、というものだった。四月五日、軍司令部でジェルトフ大将[139]との会見が実現し、大将はレンナーにスターリンの方針を伝えた。レンナーは、赤軍に念書を提出するようにという要請を断った。赤軍の回し者と思われたくなかったからである。その代り、自分のすべての呼びかけはソ連の了解のもとに起草したい、と述べた。また、自分の過去の業績からいって、指導者として、ファシズムに破壊された国家を憲法と行政機関を備えたものに再建することには自信があること、もし自分が任命されれば、国民は自分に耳を傾け、言うことを聞くだろうと語った。レンナーはさらに希望を述べる。まだ生存している国会議員ないしはその補欠から暫定国民代表機関を創造すること、その際、ファシストの代わりに共産主義者が参加すること、この国民代表機関から自分は行動の委託を受けたい、ということだった。その夜、レンナーはグログニッツに帰り、さまざまな草稿とともに八本の呼びかけを起草した。呼びかけの相手は、オーストリア人、ドイツ軍に在籍するオーストリアの兵士、市民、地方自治体等、そして何よりもウィーン人だった。

レンナーの別荘はグログニッツの避難所のひとつとなり、ソ連軍兵士が一人、歩哨に立った。四月八日、カール・ヴァルトブルナー(140)がレンナーと面会した折、レンナーは元気いっぱいの様子で、ヴァルトブルナーがテルニッツで活動するための指示をすぐにまとめた。レンナーは、まるでもう完全な行動能力を備えた首相のように振る舞った。キリスト教社会党とも連絡を取るつもりだと言い、すぐにもソ連軍総司令部と話をすることを望んだ。ソ連軍の眼にはレンナーのグログニッツの別荘は、将来の首相の住まいとしてはあまりにも狭いと映った。そこでレンナーとその家族は、四月九日、車列を組んでアイヒビュッヒル城に連れて行かれた。そこはわざわざ、居住のために急いで手を入れたものだった。まもなくレンナーは、そこへ農産物を届けてくれる住民と連絡を取ることができた。ノインキルヘンからは秘書のポッラクをアイヒビュヒルに呼び寄せ、ヴィーナー・ノイシュタットからは、市長のルードルフ・ベールルがタイプライターを苦労して運んできた。レンナーはせっせと働いて、「非常に左翼的」と自ら評する最初の施政方針案が生まれた。

レンナーは巧みな政治手腕で特殊な軍事情勢(141)を存分に利用するとともに、惜しみなくソ連に同意・約束を与えた。有名となった四月一五日付けのスターリン宛て書簡［付録三参照］でレンナーは、自分の身が保護されたこと、ならびに第二次共和国樹立のための最初のさまざまな措置が可能になったことに対してスターリンに感謝した。レンナーが残念に思うのは、まだスターリンを個人的に知る機会がないことで、思い出すのはレーニン(142)、トロツキー(143)と知り合ったことだった。後者との面識云々は、すでにボケが始まったように装ううまい手立てと評価することもできよう。レンナーは述べる。西側諸国がオーストリアの情勢を知ることは少なく、オーストリアに独立を保証することなぞに興味を示さない。オーストリア国民は、ソ連の莫大な功績に驚嘆しており、労働者階級のソヴィエト共和国に対する信頼は止まるところを知らない。社会民主主義者は共産主義者と兄弟のように協力するだろう。なぜなら、疑うまでもなく、国の未来は社会主義にあるからである、と。ソ連の目からも、レンナーの書簡の多くの箇所がおべっかに思われたことだろう。しかしながら、この書簡は外交上の意義もあった。というのは、おそらくスターリンを政治的に動かして、チトー(144)に「占領した」ケルンテン南部から撤退させたからである。

四月一七日、レンナーは元財務大臣でバーデン市長のヨーゼフ・コルマン[145]に宛てて書簡をしたためた。その中で、オーストリア再建に参加するようにキリスト教社会党を誘う一方、「ドルフースと親密だった一味および熱心な護国団指導者たち[146]」は、将来の政府への参加から排除するとした。レンナーはこの書簡のカーボンコピーを、同日に差し出したウィーンのアードルフ・シェルフ宛書簡に同封した。シェルフに対しては、自分がウィーンに到着する日程を四月二一日頃とした。実際にはレンナーは四月二〇日、ソ連陸軍中佐ヤーコフ・スタルチェフスキーと共産党の活動家レオ・ヘルツル[147]によって、ケットラッハ経由でウィーン一九区に置かれたトルブーヒン［元帥］の司令部に連れてこられた。［ヘルツルの証言によれば］途中、レンナーは、以前ほど自分が間違いなく首相に任命されると確信しているふうではなかった。いずれにしても、レンナーは、破壊されたウィーンの光景を目の当たりにして、いたくショックを覚えた。ウィーンではわずかの間、第一区のカントガッセ三番地に住み、その後、第一三区のヴェンツガッセ二番地にある邸宅に住んだ。

レンナーは、ウィーンですでに市の行政が無事に機能し、諸政党の民主的な活動が始まっているのを目にした。四月一四日には市役所の赤の広間で、社会民主党とＲＳが合同して社会党を結成。四月一七日にはショッテンシュティフトで、キリスト教社会党の後継党としてオーストリア国民党が結成された。また共産党を代表したのは、モスクワ帰りのヨハン・コプレニヒ[148]とエルンスト・フィッシャーだった。四月一七日から、テオドア・ケルナー[149]が「ウィーン」市長職に就いていた。抵抗運動O5[150]の代表者たちは、もともと責任を引き受けたいとは考えていたが、活動はまったく孤立していた。O5は、さしあたりレンナーの首相任命に反対していて、この件に関して西側連合国の「ウィーン」到着を待とうとした。四月二一日、O5はウィーン市司令官ブラゴダートフ[151]の第四号命令により解散させられた。

12　スターリンのお蔭による首相

翌日［四月二一日］エルンスト・フィッシャーは、レンナーの住居でかれと会見した。レンナーの目的は、所管事項を社会党、国民党、共産党それぞれに三対二対一の割合で分けること、ならびに土地同盟[152]内の反ファシズム部分を第四党として確立しようとするものだった。ソ連の巨大な権力によって公認されたことで、レンナーは強い使命感を覚え、すべてを取り仕切っているかのような感覚が芽生えた。そこでレンナーは、共産党による基軸省庁の管轄要求と幹部会議創設要求（後者は、後に閣僚会議[153]として実現する）を激昂して拒絶し、会見は成果なく決裂した。

そもそもレンナーのひととなりは、共産党では異口同音に嫌われていた。ちょうどモスクワから帰還したレオ・シュテルン[154]が再びソ連に飛び、クレムリンにレンナーの人柄を分からせようとした。しかし、レンナーの任命は直接スターリンに由来するため、このミッションはなんの成果も生まなかった。

四月二三日、レンナーのもとに社会党を代表するシュパイザー[155]とシェルフ、共産党代表のホナー、フィッシャー、コプレニヒ、国民党代表のクンシャクが集まった。そして三党政府を樹立するという合意が得られた。ただ、レンナーは、第一次共和国の国会議員を再招集する計画を、実現困難を理由にすでに断念していた。おそらくソ連軍政治将校ピテルスキ大佐[157]の影響があったと考えられる。レンナーは内務省と文部省の所管を共産主義者に渡した。一二人いる大臣のうち、社会党、共産党がそれぞれ三人、国民党が四人を立てた。三党の協力を確かなものとし、同時に二人の共産主義者の大臣をコントロールするため、各大臣には他の二政党に所属する少なくとも二人の副大臣が付けられた。決議はいつも全員一致でなければならず、当然のことながら、どの省でも非共産主義者による三分の二の多数派が生まれた。三四人からなるこの集中内閣は、したがって、それまでのオーストリア政府でもっとも膨張したものとなった。四月二五日、ソ連から西側連合国に、レンナーが暫定政府樹立の準備をするとの情報がもたらされた。西側連合国の反応は不信そのものだった。

レンナーは一連の具体的な構想をもっていて、それは社会主義実現のための新秩序構築を目標とし、分野としては政府、憲法、行政一般、内務、警察、授業・教育、司法、財政にかかわるものだった。構想で優先されたのは、即時行動に移る能力をつねに有し、またその用意のある強力な統治機関だった。疑いもなく、第一次共和国首相としての経験が役立っていた。迅速な行政復興にとって、占領軍の行動と国民の働きのほかに、民主政党三党の活動が根本的に重要だった。この三党に与えられた格別の役割は、ヴィルフリート・アイヒンガー[158]が正しくも言うように、いわば政治の独占化を招いた。併せてもっとも重要な意味をもったのは、レンナーが初めから表明していて、一九四五年四月二六日の首相通達第二号に記された見解であり、それは、自分の率いる政府は連邦「全体」を管轄する、というものだった。翌日レンナーは、レーヴェンフェルト＝ルスを政府に誘うべく、その住居を訪れた。しかし、そこに見出したものは、中庭のかれの墓だけだった。来るべき暫定政府に参加する予定のメンバーは、トルブーヒン元帥から、西側諸国の［暫定］政府に対する見解はいまだ不明であると聞かされた。同じ四月二七日、民主政党三党の代表は、オーストリア独立宣言を発する。暫定政府はそれを決議に格上げした。要点は、オーストリア共和国を再興すること、この再興は一九二〇年憲法の精神に則ること、一九三八年の強いられた「合邦」は無効であると宣言することだった。これに加えてレンナーは政府声明をひとつ提議し、国民にオーストリア共和国再建に精力的に協力するよう呼びかけた。またオーストリアを将来占領から解放し、独立させることを約束した。さらに三党政府を行政の恣意性をチェックする保証人と呼び、そのうえ初めて、西側連邦諸州の代表者を加えることによって、三党政府を拡大する見通しに言及した。四月二八日、閣僚会議も公表され、議長のレンナーの他にシェルフ、フィグル[159]、コプレニヒが構成した。この閣僚会議は、暫定政府の最高機関として連邦大統領の職責を果たすものだった。

首相のレンナーは執務規定をもとに、他のどの閣僚よりも影響力をもつ地位を政府内で得た。たとえばエルンスト・フィッシャーは、それを「大統領独裁」と評した。社会党執行部で、暫定政府の全権についてきわめて批判的に発言したのはカール・ザイツである。かれはすでに一九一八―一九年に、レンナーに「一杯食わされた」と感じていた。レンナーが自分自身のために首相職を設けたときである。［当時の］社会民主党が望んだのは、たかだか国会決議を執行する義務を負う国家公証人だった。一九四五年にザイツは思い出した。旧帝国ですら、皇帝が定めを発するのに、少なくとも帝国議会両院の同意を必要としたことである。ところがいまや全権は、レンナーの手のうちに集まっていた。

政府は［ウィーン］市役所の小会議ホールで四月二九日に発足した。この場で上オーストリア州知事のハインリッヒ・グライスナー(160)がレンナーに対して、連邦を構成する州はすべて、一つの共通の祖国を築くために協力することを確約した。続いて政府メンバーがリングシュトラーセを通って国会に入り、これが第二次世界大戦後初めての、オーストリアによる公式行事となった。

大群衆がレンナーと閣僚たちに歓呼の声をあげた。レンナーはウィーン市民に向かって、この政府は暫定的な性格のものであり、出来るだけ早い時期に選挙を行うことを約束した。壊れた国会の建物で首相は、今後の再建をめぐる声明を読み上げた。この日、［抵抗運動グループ］

〇5のチューリッヒに在る中央本部もまた電報を送って、レンナーに服属することを伝えた。後になってレンナーは、政府の合法性を、全州会議の席上で次のように根拠づけた。いま選挙を実施することは不可能なので、有権者とそれが選出した諸団体に代わって、組織された諸政党が唯一正当な国民の意志をになう者である、と。

著名な映画俳優兼演出家のヴィリ・フォルスト(161)がこの晩、レンナーを表敬訪問して祝賀の言葉を捧げた。「尊敬する首相閣下！　深く心動かされて申し上げます。また、私どもの復活したオーストリアの最高位にあらせられる閣下に、このメッセージを捧げることができますことを吉兆と思いつつ申し上げます。閣下の首相就任、まことにおめでとうございます。熱き思いと幸いの気持ちを込めまして。閣下のもっとも忠実にして心服いたします僕どもの一人より。」バルハウスプラッツ［首相官邸］の公務員たちを前にして、レンナーは四月三〇日、とりわけ次のことを語った。「世界の三大国は、独立したオーストリアを再興することで一致しました。世界の他の国々も僅かの例外を別にして、これらの大国に同調しました。私どもの選択肢は、合邦の考えを自ら捨て去ることをおいて他にありません。」レンナーは続ける。「これは、ひょっとすると困難なことかもしれません。しかし、我々は何に帰属しているのかを知らねばなりません。」［ナチス］禁止法の当初の草案では、レンナーは元ファシストたちに対して厳格な措置を定めようとし、そのうえ当該の者たちには独裁時代の法、強制収容所、死刑を保持するよう提言していた。

　レンナー暫定政府設置のニュースは、連邦諸州でも不可避となった権力移行を促進した。未だナチ体制のままに発行されていた『ザルツブルク新聞』は五月一日、「常に変わらぬ処方」の見出しのもと、ウィーン政府の樹立に関して英・米の見解を引用しながら述べた。ソ連が占領したポーランドの成り行きがウィーンでも繰り返されるだろう、この内閣は、純粋ボリシェヴィキ体制へ移行する一段階にすぎない、と。

13　ソ連の操り人形ではない

現実はそのようにはならなかった。共産党が有利で、しかも当初想定された政府のソ連占領軍への依存にもかかわらず、暫定政府は赤軍の傀儡などではなかった。それどころか、レンナー政権では早い時期に、オーストリア民主主義の将来にとって不可欠な戦略がはっきりした。すなわち、国民党と社会党とが共同して、共産主義者の影響力を意識的に制約し、巻き戻しを図ろうというものだった。

この点で「ウィーンの」中央政府にとって好都合だったのは、ソ連が介入を実際に手控えたに止まらず、実効性を伴った支援を行ったことだった。さらに、少なくとも選挙を控えた数か月間、選挙について、西側連合国が諸州で不信感をもって官僚的に対応したのに比べ、ソ連の態度が好意的だったことだった。激しい緊張した力比べが、五月一三日の第六回閣僚会議で起きた。レンナーが、憲法移行法をもって一九三三年三月五日の憲法状態を復活させ、この連邦憲法の施行不能な諸規定を「暫定憲法」で置き換えるという提案をしたところ、共産党「コプレニヒ」が反対し、この反対を議事録に留めるよう要求したときである。レンナーはそのような議事録採録を拒否し、共産党が内閣を離脱したければご自由にと、その意向に任せた。二回促されたにもかかわらず、コプレニヒが反応しなかったため、レンナーは、憲法に関する提議は採択されたものと宣言した。

ヨーゼフ・T・ジーモン[162]はこれに対して、著書『証言者』で述べる。レンナーによる最初数か月の立法活動はほとんど対立もなく、ただ読み上げて行くだけのものだった、というのは、多方面にわたって旧オーストリア法がドイツ法と交代しただけだったからである、議会が採択しないこうした法律は、法学の観点からいえば本来政令である、これを「レンナー法」と称したのだ、と。ところが実際には、ルートヴィヒ・アダモヴィチ[163]が起草した「暫定憲法[164]」は、暫定政府とそれを統制する連合国との関係に、その後見逃せない影響を及ぼした。ソ連が、一九四五年八月二八日の国有財産法や同年九月五日の国有化法のような二、三のケースを別にすれば、［暫定政府の］立法決議をただ聞き置くだけで、明確な認可を条件としなかったのに対し、一九四五年七月九日の第一次管理協定は、法律をすべて、連合国の裁可のために提示することとした。一九四六年六月の第二次管理協定をもってはじめて、この統制はかなり緩和された。［一九四五年］七月四日、ロンドンで締結された［占領］地区割協定によって、占領地区も最終的に決着した。暫定政府の重要な法律のうちで言及すべきは、ナチス時代の法を排除する法律移行法と、ナチス党員だった公務員を排除しようとする公務員移行法である。五月八日の禁止法は、元ナチス党員の登録義務を定め、この義務は、該当者一人ひとりの実際の態度がどうであったかということには左右されなかった。

レンナーの最大の懸念は食糧事情だった。そこでかれは五月一六日付けのスターリン宛て私信で、自分は再建のスピードに大変満足しているが、次の収穫まで残る一〇週間のうち、備蓄で賄えるのはわずか三週間しかない、と書き送った。その後、第二ウクライナ方面軍と第三ウクライナ方面軍が六月一日から、一人・一日当たり正確に定めた割当食糧を三か月にわたって供給することでウィーンの補給は確保された。この援助は、後にしばしば誤ってソ連のいわゆる「豆・トウモロコシ無償援助」と混同されたが、実際は有償だった。しかし、レンナーは五月二六日、「尊敬する元帥閣下」、「親愛なる同志」スターリンに大仰に礼を述べた［付録四参照］。早い決定、援助の量、精力的な実施は、誰よりもブルジョア政党所属の閣僚を感服させた、とレンナーは回想しながら記す。「やった、やった！　と、これまで疑い深かった一人の使徒トマスが叫んでおりました。」集中政府での自分の仕事の仕方について語る。「私どもの管理下にある地域に関しては、喜ばしいことに次のことを申し上げられます。三つの政党は、もっともこの国では他に政党は存在しませんが、一致協力しておりますし、住民の理解も得ております。小さなもめごとはあります。ブルジョア政党とプロレタリア政党との間で、また両プロレタリア政党間で中立的な仲介者の役割を果たすのは、私にとっていつも容易というわけではありません。その際私は、たやすくはありませんが、党人としての立場を捨て、移行期にあっては、我が国の将来の課題にかかわる私自身の考えを抑制することを忘れてはなりません。次の課題は、民主主義の基礎の上に共同体を再興することです。何よりもこの仕事を完成させたいと考えております。」

グラーツ放送は一九四五年六月四日、暫定首相レンナーが閣内最長老大臣ブッヒンガー[165]を前に次のような誓約を行ったと伝えた。「私は誓います。オーストリア共和国の憲法と法を固く守り、全力を挙げてオーストリア国民に尽し、厳しい試練にさらされた祖国の再建に努めます。」続いてレンナーが、他の閣僚会議メンバーからも誓約を取ったことが伝えられた。連邦諸州との連絡が取られたのは、ウィーン市と下オーストリア州を別にすれば、比較的遅かった。レンナーは一九四五年五月一九日、グラーツに向かい、シュタイアマルク州を暫定政府の管轄下に置いた。［フランス管轄地域の］フォーアアールベルク放送は初め、レンナー政府に言及することすら許されなかった。西部諸州について、レンナーはエルンスト・レンベルガー[166]、通称ランベールから情報を得ており、このレンベルガーは、ついには数多くの州の忠誠宣言をもたらした。社会党の次元ではフランツ・ラウシャー[167]が、ウィーンとオーストリア西部との連絡をつけた。七月半ば、ついにケルンテン州政府とも連絡が取れた。レンナーはまたフィグルにも要請して、他州に向かうフィグルの連絡役に、自分のメッセージをブルジョア政党所属の、フィグルの友人たちに届けてもらった。七月六日、レンナーは閣僚会議の緊急要請に基づき、ソ連人民委員会議議長に次のような要請を行った。何よりもオーストリアの戦争捕虜を他国の戦争捕虜から分離して、収穫のために釈放してほしい、政治的に全く信用できない者だけは引き続き留め置かれるように、と。レンナーは一九四五年夏の数週間、いささか首尾一貫しない態度に陥ったようだ。かれは公式には恭順の意を示して、たとえば八月一九日、［ウィーン］シュヴァルツェンベルクプラッツにできたソ連記念碑の除幕式で、赤軍の勇敢な英雄的行為と大元帥スターリンの見事な指揮を讃える一方、その前日、下オーストリア州社会党党大会では［問題となる］挨拶をした。その挨拶はおそらく、［ソ連軍の］ウィーン司令官が八月二九日に政治ポスターと演説文言の検閲を導入する決め手となるものだった。

14　西側連合国もまた承認

［一九四五年］八月二〇日、ザルツブルクで開催された西部諸州代表者会議は、レンナー政府と連絡を取る決議を行った。八月二九日、レンナーは全閣僚が参加した閣議で発言した。政府が西側連合国三国の信頼を、ソ連の信頼と同じように得られるかどうか、まだ分からない、と。さらに三党すべてを非難した。国民党に対しては、きざしつつある護国団の風潮に警告を発し、共産党については、度を過ごした急進性を、また社会党の揚げ足取りを諌めた。ルーマニアやブルガリアの経験[168]に照らして、レンナーは、準備のないまま二、三か月後に選挙に突入することを恐れた。レンナーは言う。［東欧の経験の故に］協力が必須だ、そうしなければ、オーストリア人は結局、「外国の経営する農園で働く労働者」に過ぎなくなる、今にもこれが「我々みなの運命」になりそうだ、と。そうこうするうちにレンナーは、ソ連がほのめかした合弁の石油会社設立案件と取り組まねばならなくなった。レンナーは賛成に回った。だが、閣僚会議でも社会党執行部でも、シェルフの強い留保にぶつかる。ついには双方の大多数がシェルフに同調した。またレンナーは、米国からも、そのような契約の帰結について指摘を受けた

ので、ソ連の強い圧力にもかかわらず、九月一三日、契約書に署名しないことを命じた。ほんの数週間前、かれは米国のクラーク大将[169]と初めて会見していた。クラークはまだ、レンナーに不信感を抱いていたが、レンナーは、自分が西側諸国に好感を覚え、ソ連を離反させない程度にクラークとも協働したい、とほのめかした。

暫定政府安定化を画するさらなる里程標は、「ヘレンガッセのリュトリ」[170]だった。つまりウィーンで三回開催された全州会議である。九月二四―二六日開催の第一回では、三つの委員会を設立後、ティロール州知事のカール・グルーバー[171]を外務次官に起用して、政府の拡大を図ることが決議された。さらに選挙実施のために内務副大臣を任命し、内務省に治安特別委員会を設置することが計画された。この拡大された政府は今や、国民党一三人、社会党一二人、共産党一〇人、無所属四人から成るものだった。レンナーは全州会議の前に、『オーストリア新聞』のインタビューで断言していた。「オーストリアは、すでに自治を行うに十分に成熟していることを宣言しました！」さらに［下オーストリア］州庁舎でレンナーは述べる。「政府は与えられた機会を利用して、国家をそのすべての基盤で、行政をそのすべての組織において、そして治安をすべての責任部局の手で五か月のうちに確立しました。」「自慢しようというのではないのですが、私どもは自らについて主張することができます。我が国はこうした点［国家、行政、治安］で、今日隣国に比べて、つまり他の分野では我が国より幸運といえる、たいていの隣国よりもはるかに前進しています。」安定した状況への復帰という、オーストリアのまさにこうした点での優位、とくにドイツに対する優位は、シュトウルツ(172)によれば、実際これまでしかるべき注目を浴びて来なかった。レンナーは演説を締めくくるにあたり、全州会議に向けて、再興への訴えを熱狂的ともいえる調子で行った。「諸君、諸君の誰もが誓っていただきたい。諸君の一人ひとりが誓っていただきたい。みなの祖国のために働くことを、勤めることを、そしてもう一度、誓って働くことを。」

再建を考え、とくに災害出動のため、レンナーはフィグル宛ての書簡で、小ぢんまりとした軍隊を編成することをやんわりと提案していた。またかれは、とくに米国に感謝の念を抱いていた。米国が、動員解除後の物資放出に際して、オーストリアを中立国のように扱おうとし、それによって完全な同権を確約したからである。第二回全州会議は、一〇月九日と一〇日、国民議会選挙と州議会選挙の準備を検討した。一〇月二五日の第三回では、選挙を一一月二五日に実施することで一致した。次いで食糧配給、難民大量流入、ナチス禁止法の問題が議論された。ヴァルター・ヴォーダク(173)を通して、この間、英国労働党との接触も試みられた。シェルフはレンナーに対して、できるだけ迅速に法律の承認を得るため、連合国理事会に「文書を提出するに当たり」そのつどフランス語の翻訳も添えるように注意を喚起した。シェルフによれば、この助言は、フランス人がかれにもたらしたものだった。米国の若干の不興をかったのは、一〇月二〇日、［ソ連の］コーネフ元帥[174]が、他の連合国に諮ることなく、オーストリアとの外交関係を一方的に樹立したときだった。ちょうどこの日、レンナーは初めて連合国理事会――占領諸国の最高機関――からも迎えられた。このときレンナーは、一〇月の議長役である英国のマクリーリー中将[175]から覚書を手渡された。そこには、レンナー政府の権限を全オーストリアに拡大することに公式に同意する由が書かれていた。この後、レンナーは『ヴェルト・プレッセ』で断言した。これは国際法に則って、オーストリアが再び独立を獲得する第一歩である。第二段階としてオーストリアは、連合国とＵＮＲＲＡ（国連救済復興機関）との援助を必要とする、と。レンナーは最後の第三段階の目標として、オーストリア政府に完全主権が再び付与されることと占領軍の撤退とを挙げた。

一週間後、ウィーン大学はレンナーに国家学の名誉博士号を授与した。学長のルートヴィッヒ・アダモヴィチは、レンナーの復興にかかわる業績を次のように讃えた。「貴殿は一年とたたぬうちに、否、半年にも満たないうちに、文字通り無から、外国の恣意的な支配が引き倒して永遠に葬り去ろうとしたものを再興なさいました。すなわち、オーストリアの国家機構を最小の自治体から始めて、折り紙つきの中央政府まで再建されました。」アンドレアス・コルプ[176]によれば、「不承不承グログニッツに隠棲していた年月に溜められたエネルギーは、まるで、ここぞという歴史的瞬間に共同体の用に供されるべく蓄積されていたかのようだった。」

少なくともこの場合、レンナーの適応能力――しばしば公然と非難されるが、その非難は必ずしも不当というわけではない――は、オーストリア全体にとって強みだったと評価せざるをえないだろう。ただ、レンナーの巧妙な戦術が、当時も内閣の全員から文句なく容認されたというわけではない。たとえばカール・グルーバーが異議を唱えたのは、レンナーが低い声で議長席から次々と重要な法案を読み上げ、「異議ありませんか……。採択します。」と一本調子で確認したことだった。レンナーは［この異議に］顔を赤くして、不機嫌でつっけんどんになったが、異議を受け容れ、予定された議題の審議を進めて、その晩、ティロール出身の批判者［グルーバー］と夕食を共にしたのだった。首相レンナーは、オーストリアを象徴する人物になった。一方では、選挙戦で首相として一つの党に肩入れするのは似つかわしくない、と言いつつ、「ザイツとレンナーは社会党に投票する」というスローガンとともに自分の党を応援したりした。

一一月二五日の選挙結果は、国民党が八五議席の絶対多数を獲得し、社会党七六議席、共産党四議席だった。続いて一一月二九日、暫定政府は辞任したが、閣僚会議から引き続き業務を継続するよう委託された。一二月一九日、新たに選ばれた国会が初めて召集され、レンナーは暫定政府の総括報告を行った。「死を宣告されたオーストリアは、間違いなく蘇生しました。そして今後、永遠に存続することでしょう。オーストリアを十分に強くして、安定した十全な領土を、南ティロールを含む領土を確保し、生存の保証を危うくしないでいただきたい。」同時にレンナーは、ソ連によるドイツ資産接収の危険[177]を予測した。［レンナーは報告を締めくくる。」「再生したオーストリアの第一段階は、暫定政府の辞任とともに我が国民の歴史の一ページとなります。新たな日が新たな目標に導きます。我々の完全な自由の日が間もなく訪れませんことを祈念します。」集中政府の時代は、フィグルとシェルフのもとでさらに続けられた。

15 連邦大統領

グルーバーは思い出す。連邦議会両院総会が一九四五年一二月二〇日に召集され、国民党も一緒になってレンナーを［連邦大統領へ］選出したことは至極当然のことだった、と。元首への選出をきっかけに、レンナーは国会議長レオポルト・クンシャクとの何十年にもわたる協働を思い起こした。一九四五年四月にもレンナーは、最初にクンシャクと会談を重ねていた。レンナーは国会議員を前に、民主主義への不滅の愛と変わらない信奉、祖国オーストリアへの、生来の決して揺るがない愛を保持することを誓った。レンナーは、住まいを今やグリンツィングのヒメル通りに置き、そして連邦大統領として［大統領府のある］王宮に移ることによって、大統領職が連邦政府と距離のあることを外部にも示そうとした。かれは大統領としてずっと警告者であり続けた。目指すものは、協働、民主主義の持続とさらなる発展、人権の尊重、オーストリアの完全主権の再獲得だった。主権の回復には、かれは国連による支持を強く願い、スイスを範とするオーストリアの中立のための具体的な提案をいくつも行った。似たような提案はすでに一九三三年に議題にのぼせていた。レンナーはすべての市民とつながっていると感じ、若者との接触を求め、引き続き消費協同組合の発展に興味を示した。また大統領としてすべての政党に認められていた。たとえば一九四九年にウィーン・コンツェルトハウスで開かれた国民党の選挙集会で発言した。「私には二人の子供がいます。それは私の社会党であり、そして君たちですよ。」かれはまた、オーストリアが自分のさまざまな問題を、占領下よりも自前のほうがうまく解決できると深く確信していた。レンナーがオーストリアを、四匹の象の重みでいまにも沈みそうなボートに譬えたことは、世界的に有名になった。

レンナーは、「社会変革を真に求める者すべてにとって、そして支配欲にかられた少数派が単に別の少数派に取って代わるだけの変革を忌避する者すべてにとって」、民主主義が、変革の、最良でもっとも確実、人間的な方法であると考えた。「力が、あらゆる新しい社会秩序が生まれるときの産婆であることを認めるとしても、この力がまさに物理的で野蛮である必要はない。法律の力であることも、何よりも思想の力であることも可能だ。」

レンナーは間違いなく、多くの点で時代を先取りしていた。高齢にもかかわらず常に変革を好み、新しいものを創りだすことに倦むことがなかった。しかしながら、遡って三〇年ほど前［一九二〇年］に、ミヒャエル・ハイニッシュの大統領就任に当たって送ったはなむけの言葉、連邦大統領は「ただ礼儀作法を守るのみ」を、今度はレンナー自身が守った。大統領府次官だったヴィルヘルム・クラスタスキー[178]に大幅な裁量権を与え、当時まだ旧王宮にはびこって

80歳の誕生日の祝福を受けるべく、コンツェルトハウスに入るカール・レンナーとルイーゼ（1950年12月13日）

いた数多くの旧習を受け容れた。レンナーは、帝国および第一次共和国から復興の時代へと、記念碑のようにそびえ立っていた。かれが著作の形で残したものだけでも、著書・冊子一四一冊、新聞への寄稿五五四、一九三三年までの議会演説二二二、一九四五年以降のその他講演七一。併せるとカール・R・シュタッドラー[179]が指摘するように、書誌的に確認できるだけで九八八に上る。ただし、ここには少なくとも二〇〇〇にのぼる集会での演説は含まれない。レンナーの生涯は、ある階級が貧困と無権利から抜け出して、国家における同権に達した実例である。そしてかれが体現するのは、社会主義運動の発展、すなわち迫害された少数派から一国における指導的な政党への発展である。レンナーは、一九五〇年一二月一四日の八〇歳の誕生日に際

グログニッツのレンナー博物館庭に置かれたカール・レンナーの胸像（制作、グスティヌス・アムブロージ）

して催された数多くの祝いを、いまだ元気で自ら体験した。ただ、オーストリアが自由になるという、当時、自分のもっとも大きな望みが実現する［一九五五年の国家条約締結］のを、もはや身をもって知ることはなかった。一九五〇年の大晦日にウィーンにて死去。元旦の朝、オーストリア人は録音されていたレンナーの呼びかけを耳にした。「……私どもオーストリア人は、けっして意気消沈することはありません。いわば死からよみがえった者、それはまさに私どもの共和国ですが、私どもの国民のように、先の世界大戦の廃墟を目覚ましくくぐり抜けた者は、生を信じ、未来を信じ、なによりも、人類が、世の混乱を抜け出て公正で永続する平和にいたる道を見つけるだろうと確信いたします。」

参考文献

Aichinger, W.: Sowjetische Österreichpolitik 1943-1945 (Materialien zur Zeitgeschichte Bd. 1), Wien 1977

Fischer, H. (Hg.): Karl Renner. Porträt einer Evolution, Wien-Frankfurt-Zürich 1970

Hannak, J.: Karl Renner und seine Zeit. Versuch einer Biographie, Wien 1965

Leser, N.: Karl Renner, 1870 bis 1950, in: Friedrich Weissensteiner (Hg.), Die österreichische Bundespräsidenten. Leben und Werk, Wien 1982, S. 122-160

Nasko, S.: Karl Renner – vom Bauernsohn zum Bundespräsidenten, in: Katalog zum Dr.-Karl-Renner-Museum, Wien/Gloggnitz 1979, S. 21-60

Nasko, S.: Zur Rolle Dr. Renners im April 1945, in: Katalog zum Gedenkraum 1945 in Hochwolkersdorf 1981, S. 17-31

Nasko, S. (Hg.): Karl Renner in Dokumenten und Erinnerungen, Wien 1982

Schärf, A.: Karl Renner. In: Neue österreichische Biographie ab 1815, Bd. 9, S. 9-30, Zürich-Leipzig-

Wien 1956

Stadler, K. R.: Dr. Karl Renner. 14.12.1870-31.12.1950. Wissenschaftler, Politiker, Staatsmann, Wien 1970

Stourzh, G.: Die Regierung Renner, die Anfänge der Regierung Figl und die Allierte Kommission für Őesterreich, September 1945 bis April 1946, in: Bausteine zur Geschichte Őesterreichs (Festschrift f. Heinrich Benedikt), Wien 1966, S. 321-338

付録1

『多彩週報』（Bunte Woche）一九三二年一二月二五日に掲載された記事。一九一七年四月末に行われた皇帝カール一世との会見を、レンナーが一五年後に回想。実はオーストリア＝ハンガリー帝国崩壊直前の一九一八年一〇月に第二回の会見が行われ、レンナーにオーストリア首相の地位の申し出が行われている。しかし、これについてレンナーは記録をいっさい残さず、沈黙している。（＊原文斜体は太字にした。）

カール皇帝は私の「殺害計画」に不安を覚えた――ハプスブル家前皇帝訪問記――

国会議長・元首相ドクター・カール・レンナー

私は長い何とも独特の回り道をして、オーストリア＝ハンガリー二重帝国の先の支配者であるカール皇帝にたどり着いた。その時までほぼ二〇年にわたり、私は筆名であるルードルフ・シュプリンガーの名で国家学の著作や政治にかかわる著作を著し、帝国の重大な懸案である民族問題を論じてきた。詳細にわたり、長い時間をかけて帝国の運命について、そしてそれはハプスブルク家の運命にもならざるをえないのだが、取り組んできた著者と著作に王族の誰かが、あるいは少なくとも宮廷の誰かが興味をもってしかるべきではなかったろうか。ところが誰ひとり興味を示した形跡がない。いわゆる「宮廷」は、とうの昔に「無学の輩」の巣窟となり、精神的なものはすべて意図的に王朝から遠ざけられた。これは周知のことで、私にも分かっていたので、先述のジャンルの印刷物の一行たりとも、自分であるいは取り持ってくれる人を介して皇帝に示そうとしたことがなかった。

もし私が昔、ゲオルギウス聖人(180)についてパンフレットを著していたら、かつての皇太子であるフランツ・フェルディナント(181)は、自分の書棚にこの一冊をきっと加えていたことと思う。

政治家たちも宮廷人とたいして違いはなかった。そうした中にあって数は少なかったが、政治に関して自由に意見を表明した著作を評価した一人にエルネスト・ケルバー(182)がいた。フランツ・ヨーゼフ皇帝(183)がシュテュルク首相亡き後、二度目に首相に任命した人物である。この重要人物は、皇帝の逝去（一九一六年一一月二一日）後も、しばらく若いカール皇帝の首相を務めた。その跡を、クラム＝マルティニック伯爵(184)――ボヘミアの封建貴族で政治的無能者――が継いだ。ケルバーは、私が政治活動をしていた関係で私を個人的によく知っており、かれとは一九〇〇年以来、ときどき会っていた。

最後のお召し

戦争の最初の二年間にあまりに多くの戦死者を出したため、当時、兵員補充の対象を年長の者たちにまで広げた。私は兵役検査を受けて合格したので、糧食調達官試補という、かつて［一年志願兵で］除隊したときの予備役の官職のまま召集された。まず陸軍省の主計部に配属される。ところが驚いたことに、ある晴れた日の午前、アスペルンリングにある巨大な［陸軍省の］建物からヘレンガッセ七番地の当時の首相府へ呼び出された。そこは、それから二年後に共和国首相として入ることになるあの建物である。

二角帽を被り帯剣した試補の制服のまま、私はそこでケルバーの前に立った。この軍服姿がケルバーに与えた印象を忘れることができない。はじめ、あっけにとられてじっと私を見つめ、服装にもかかわらず、私だとわかると大声で笑いだした。「どうやら祖国は、これまで貴殿を十分に活用することを知らなかったようですな。」ケルバーは説明した。政府は困難な食糧事情を克服するため食糧管理庁の設立を計画していること、私を他の六人の者とともに庁上層部に招聘すること、政治や国家学の著作を著すルードルフ・シュプリンガーは、食糧管理庁の局長として皇帝に拝謁する予定であること、以上の内容であった。

食糧管理庁の設立後まもなく、ヘーファー将軍[185]——陸軍の最年少の将軍——が食糧管理大臣に任命された。つまり私の上司である。ヘーファーは私の人柄と仕事ぶりを知って皇帝に私のことを話し、当時皇帝一家が住んでいたラクセンブルクへ謁見のため召し出すように説得した。

長い間私は、この機会に何ができるか、じっくり考えた。間違いなく謁見は食糧管理をめぐる憂慮から始まるだろう。ただ、政治に関する著作を著す者として、つまり『諸民族の国家をめぐる闘争』*と『諸基礎』**の著者にとって、一般的な諸問題や、当時とくに馬鹿げた、将来に禍根を残すと思われたチェコ人の取り扱い、さらには「民族自治」という観点からみて必要となる憲法改正に触れずにはすまされず、また触れなかったら不名誉なことでもあると思われた。私は「オーストリアの更生」シリーズの記事を本に纏めていたので、それを皇帝に献じようと決めた。そこまで準備して、私は鉄道の南部線とメートリング＝ラクセンブルク支線に乗った。気持ちはただ一つ、好奇心、しかも懐疑の好奇心でいっぱいだった。

* Der Kampf der Österreichischen Nationen um den Staat. Erster Theil. Das nationale Problem als Verfassungs- und Verwaltungsfrage. Leipzig & Wien 1902

** Grundlagen und Entwicklungsziele der Österreichisch-Ungarischen Monarchie. Wien 1906

「貴殿は著作もするのか？」

私は暫く待って前へと進んだ。壮年の上品な執事長——後にフニュアディ伯爵[186]と判明——が私を皇帝に紹介し、二人だけにしてくれた。私はゆっくり、皇帝のほっそりしてまだ子供っぽい姿、柔和な顔、珍しい顔つきを眺めた。皇帝はそれとわかる戸惑いの表情で、腰を下ろすよう促し、ためらいがちに最初の言葉を発した。「ヘーファーから食糧管理庁について報告を受けた。新しい首脳部とはうまく行っているのか？　最大の難点はどこにあるだろうか？」私は説明した。「一つ、重大な失敗を犯しました。最初のものは一九一四年秋、国防大臣クローバティン殿[187]の想定に反して、食糧供給問題に関し、ハンガリーがオーストリアから切り離されたことです。二つ目は一九一五年の初め、すべての経済学者の進言にもかかわらず、総督府、郡長、市長を食糧管理の責任者にしたことです。それによって食糧管理が非効率に行われただけでなく、**地方分散化**されたことです。私はすでに一九一四年秋、真に中央集権化された食糧管理を商業組織で行うよう提案しました。しかし、私の企画は商務省の引き出しにしまいこまれたままでした。」

皇帝の返答は、私を少し当惑させるものだった。私は組織の基本的な欠陥を指摘したのだった。それは根本的な変革によってしか除去しえなかった。皇帝は素朴な言い回しで答えた。「朕はどのみち、すでにハンガリー首相と話しておるぞ。」「朕はヘーファーに命じて、プラハ総督府に電報を打たせた」云々。私は理解が得られそうにないことを見て取り、わかりやすい言い回しを用いた。「プラハの総督府の背後にはチェコ民族が控えております。いまだ解決のつかない民族事情は、食糧管理にとどまらず、統治を麻痺させ、戦争遂行を脅かすに違いありません。何十年にもわたり放置されたことに急いで取り組まねばなりません。」

そして私は、重要な政治問題について著した著書を皇帝に差し出した。皇帝は受け取り、机の上に置くと言った。「**貴殿は本も書くのか？**」

明らかに皇帝は世論の動向一般に疎いようだった。

私は口をつぐんでこの話題を打ち切り、自分の選挙区にある軍需工場を話題にした。間もなく皇帝は立ち上がり、私に手を伸べた。拝謁は三〇分で終了した。

皇帝は不安を覚えた

私は本当にがっかりして、ふたたび客車のコンパートメントに腰をおろしていた。我々はどうなるのだろうと再三再四自問した。国家元首が世襲で任命されるというのは、なんという馬鹿げたことだろう！　決意して帝国救済のために必要な変革を遂行する力量を、すでに長年にわたり有しないグループに、我々は何十年にもわたり統治されてきたのだ！　そして今や我々を支配するのは、世襲の偶然によって、つまり二人の皇位継承者の死という偶然のおかげで、ひとりの虚弱な子供なのだ！　どんな環境でこの子は育てられたのだ！　君主制の何という頽廃だ。親王の誰一人としてまともに教育されていない。誰も国家運営の課題に真剣に取り組んでいない。みな帝国の基本的な問題に全く無知だ。誰も臣民について知悉しない。みな臣民に背を向けている！　自分で耕すことのできなくなった農民が、自分の農園を経験もなく訓練も受けていない指導者に委ねるだろうか！　農民が誰も、自分の農園を委ねようと思わない人間が、帝国を統治しなければならないのだ。統治困難な帝国を、その存立のもっとも困難な時期に統治しなければならないのだ！　君主制の命運は尽きた。しかし、皇帝は今、帝国の戦争、諸民族の抗争の最中に一人一人の運命を決定しているのだ！　戦争の結末がどうなろうか？

オーストリア＝ハンガリーはどのような結末を迎えようか？

そして私はもっと大きなショックを受けることになった。何週間か経って偶然に、私は自分をラクセンブルクに取り次いだホフマン某に出会った。私はかれに訊ねた。その後、皇帝が謁見について何か言っているのかどうか？　なぜ皇帝は、会見の間、最初から最後までぎこちなかったのか？　それに対し私の得た答えが、皮肉を込めたものだったのか、あるいは正直なものだったのか、それはどちらでもいいのだか、そのどちらでも同じように意気阻喪させるものだった。その答えとは、

「**皇帝は不安を覚えていらっしゃったのです。貴殿がどうやらフリーメイソンで、暗殺を画しているのではなかろうかと。**」

いやはや、皇帝の側からは、オーストリアの更新のために何も期待できなかった。没落に瀕した帝国を救う策は、この陣営には見いだせなかった。

残るは、世界の新秩序に備えることだけだった。

付録2

『新ウィーン日報』（Neues Wiener Tagblatt）一九三八年四月三日に掲載された記事。一九三八年三月一二日のドイツ軍によるオーストリア進駐後、独・墺合邦の賛否を問う同年四月一〇日の国民投票を前に、レンナーがインタビューに答えた記事。（＊原文斜体は太字にした。）

元首相ドクター・レンナー「私は賛成票を投ずる」

記者の一人が昨日、元首相ドクター・カール・レンナー氏に差し迫る国民投票についてインタビューする機会を得た。元首相は自分に向けられた質問に次のように答えた。

― 首相、**国民投票に態度表明**するご用意がおありですか？

「私はドイツオーストリアの初代首相として一九一八年一一月一二日、国民議会で次のような提議を行い、ほぼ全会一致の採択にこぎつけました。『ドイツオーストリアは、ドイツ共和国の一部である。』私は**サン・ジェルマン**へ派遣された講和代表団の**団長**として、何か月にもわたり合邦のために奮闘しました。国土の窮状と、敵国による国境地帯の占領のため、国民議会も私自身も、屈辱的な講和条約と付加された合邦禁止とを受け容れざるをえませんでした。しかしながら、私は一九一九年来、数えきれない著作の中で、また各地で開催された数多くの集会で闘い続け、合邦を訴え続けました。自分が認めるやり方で達成されたものとはいえませんが、**合邦は完了し**、いまや**歴史的事実**です。これは一九一八年と一九一九年の屈辱を真に償い、そして**サン・ジェルマン**条約と**ヴェルサイユ**条約を補填すると考えます。もし私が**ドイツ民族**（Nation）の**再合体**というこの偉大な歴史的事実を**心から祝福**しないならば、私は自分の過去全体を、すなわち、諸民族の自決権の理論的先駆者としての過去を、ドイツオーストリアの政治家としての過去を否定しなければならないことになります。」

― 首相、あなたは**ドナウ連合**（Donaukonföderation）の支持者ではないのですか？

「それについて申し上げます。すでに暫定国民議会の最初の審議で、あれかこれかの二つの策が提議されました。すなわち、解放されたドナウ地域の諸民族と連携を模索する用意のあること、諸民族がそれを望まないのであれば、あるいは我々の尊厳を傷つけるような条件でしか受け入れないのであれば、ドイツ（Reich）に戻って行くというものでした。このように提起された代替策に隣国は、**ドイツ人が居住する諸地域を暴力的に占領したり、我々の経済的な存立を葬り去る**ことによって直接に答えました。オーストリアは一九一八年一一月一二日、合邦を宣言することで適切な答えを出しました。二度目にドナウ連合の代替策を持ち出したのはオーストリアではなく、むしろ戦勝諸国でした。ドナウ地域政策構想は、講和条約締結後、さまざまに論議されました。それはオーストリアに経済の新しい展望を拓き、関税が通関を閉ざした息づまるような窮屈な状態から出口を開き、経済的な特典を与えることで、**ドイツ民族として一体であることの放棄**（nationalen Verzicht）を飲み込みやすくしようとするものでした。追い詰められた者は、どのような出口であれ撥ね付けるわけにはいきません。経済的に委縮し、外交的にも無力であるオーストリアは、そうした諸提案を熱心に追いかけました。ほぼ二〇年にもわたり、この構想を弄んだだけで、実現に向けてほんの一歩たりとも前進を見ませんでした。最後には愚かで**拙速な復古的措置**により構想を馬鹿げたものにしてしまいました。そこでドナウ地域政策にとても熱心な支持者も、この第二の策に背を向けざるをえなかったのです。

やっとこの二〇年に及ぶオーストリア人の迷走は終わりました。オーストリア人は一体となって**出発点**に戻りました。一一月一二日の**厳粛な意向表明**に立ち戻りました。一八六六年から一九一八年に至る、半世紀に及ぶ悲劇の幕間劇は、これで私たちの**一千年にも及ぶ共通の歴史**の中に消えていきます。

――では、**あなた**と、そして思想を同じくなさる仲間の方々は、どのような票を投じられるのでしょうか？

「私は後者の者たちに代わって発言する依頼を受けておりません。ただ、次のようにいうことができます。**社会民主主義者**として、さらにそれに伴って**諸民族の自決権の擁護者**として、ドイツオーストリア**共和国初代首相**として、先の**サン・ジェルマン講和代表団団長**として私は**参成票を投じます。**」

付録3

レンナーのスターリンに宛てた手紙、一九四五年四月一五日付け。スターリンを相手に追従の言葉も綴られる。

モスクワ　スターリン元帥閣下

ヴィーナー・ノイシュタット　一九四五年四月一五日

親愛なる同志へ

拝啓

運動が始まったころ、私は多くのロシアの先駆者と親しい関係を結びましたが、同志の貴殿を個人的に知る機会はこれまでありませんでした。

レーニンとは、一九一七年のストックホルム社会主義平和会議で出会いました。トロツキーとは、かれがウィーンに滞在中、何年にもわたっていつも行き来していました。リャザノフとは、ウィーンの『労働者新聞』で一緒に働きました。ロシアの帝政を逃れた多くの者が、スイスへの旅の途中で私の住居に住まったり、泊まったりしました。その少なからぬ者に、私がパスポートを整えました。

さて、自分の公的活動はもう終わったと思う齢になってから、歴史の有為転変によって、まったく尋常でないけれども意義深い具合に、貴殿と個人的な接触が生じました。

赤軍は、私の住居のあるグログニッツ（ヴィーナー・ノイシュタットの隣）に進駐するとき、私と家族に遭遇しました。そこでは、私は党友とともに赤軍を信頼しながら、その進駐を待っておりました。所属の司令官たちは、私をすぐさま丁重に保護し、完全な行動の自由を再び取り戻してくれました。この自由は一九三四年以来、ドルフースとヒットラーのファシズム支配により奪われたままで、私はつらい思いをしておりました。

自由回復に対して私は、赤軍とその名誉に輝く最高司令官の貴殿に、個人的にも、またオーストリア労働者階級の名においても、伏して心から感謝申し上げます。

偶然ですが、私が、国内にとどまって行動の自由を再び得た、社会民主党執行部の最初のメンバーだということです。しかも幸いなことに、私は、かつてまだ自由だった議会の最後の議長として、自分がオーストリア人を代表して発言する資格があると表明できます。さらに長所を挙げるならば、私はオーストリア共和国の初代首相として、国家設立の方式と行政の整備に通じており、したがって、オーストリア再生の事業に取り掛かり、軌道に乗せることができると確信しております。

そこで私は、このために自分の全身全霊を捧げることが、絶対の義務であると考えました。トルブーヒン将軍の率いる軍の指名された部局は、私に必要な援助を提供する用意があることを表明しました。援助は不可欠でした。といいますのは、最初の呼びかけを下書きしようにも筆記用具がままなりませんでしたし、呼びかけを配布しようにも、鉄道も郵便も自動車もなかったからです。赤軍なくして、私は一歩たりとも前に進むことができなかったでしょう。これについて私だけでなく、将来の「第二次オーストリア共和国」とその労働者階級は、元帥閣下とその無敵の軍隊に対し、将来にわたって感謝をささげねばなりません。

この地をヒットラー体制は、まったくのお手上げ状態のままに残しました。ヨーロッパの新秩序ができあがったとき、我々は無力なままに世界の大国の前に立つことになります。現在すでに貴殿にお願いしたいのは、大国の協議においてオーストリアを好意的にお考えくださり、悲惨な状況ではありますが、許される限り、この国を貴国の強力な保護のもとに置いていただきたいということです。

我々を現在脅かすのは、飢餓と伝染病です。さらに隣国との紛争で、領土を喪失しそうになっています。石ころだらけのアルプス地帯の我が国では、日々のパンをわずかに手に入れるにも、すでに現在、農地が不足しています。もしさらに領土を失うことになれば、我々はもはや生きていけません！　まさか、傍観して我々を零落させるというのが、戦勝国の意図するところではないでしょう。しかしながら、西側諸国は一九一九年の例が示すように、我が国の事情をほとんど知りません。我が国の自立の前提を確保することに十分の興味を示すこともありません。

しかし、将来の諸問題を時期尚早に取り上げて、尊敬する同志の貴殿を煩わせることはいたしません。ただ、つぎのことだけはご留意くだされば幸甚に存じます。

ロシアの驚異的な勢力拡大により、オーストリア人はすべて、ナチスの二〇年にわたる宣伝の嘘をきちんと見抜いたこと、ソ連が成し遂げた圧倒的な成果に感嘆していること、オーストリア労働者階級のソヴィエト共和国に対する信頼は、止まるところをしらないこと、オーストリア社会民主党は、兄弟党として共産党と切磋琢磨し、共和国の新建設には対等に協働すること、国の将来が社会主義にあることは間違いなく、改めて強調することもないこと、以上です。

敬具

ドクター・カール・レンナー

付録4

レンナーのスターリンに宛てた手紙（一九四五年五月二六日付け）

オーストリア共和国首相より

ウィーン　一九四五年五月二六日

元帥閣下
親愛なる同志スターリン殿

拝啓

それはまことに人を安堵させる行動でした。我が政府のみなが、トルブーヒン元帥の司令部で貴殿の寛容な援助の喜ばしい通告を耳にしましたとき、なんという嬉しい驚きと溢れんばかりの感謝の念が私どもを襲ったか、言い表すことができません。

司令部へ招待を受けましたとき、私どもは希望と憂慮のあいだで揺れ動いておりました。私と閣僚たちは、そのような援助をとても期待できませんでした。と申しますのは、ひとつには、私どもはいまだ、どのような形でも援助の要請を行っておりませんでしたし、また先般、私が書簡をお送りしてから、まだ数日しか経っていなかったからです。ほとんどの閣僚たちは、私どもの政府の承認に反対する西側連合国の何らかの決定を恐れていました。また放送局はこの種の報道を、さまざまに世界に向けて送っていたからです。トルブーヒン元帥が閣下の指示を発表したとき、初め私どもはみな、喜びのあまり言葉を失いました。閣下の決定の迅速さ、援助の広範さ、またそれを遂行するエネルギーは、みなの驚きを引き起こしました。とくにブルジョア政党の大臣たちがそうでした。かれらは、ヒットラーのプロパガンダでロシアの体制が長年貶められていたため、未だ十分に体制を想像することができず、この援助だけをもってしてすでに、閣下の政府が採用する方式の能率と一貫した目的に納得せざるをえませんでした。疑り深かったひとりの使徒トマスが叫んでおりました。「やった、やった!」

私どもは司令部での面談のため閣議を中断し、面談後、閣議を継続するため、すぐに帰還しました。政府は直ちに全員一致で、しかも感激とともに親愛な同志である閣下、赤軍およびソ連に感謝を表明いたしました。閣下の行動をオーストリア人は忘れないでしょう。

内閣はすぐさま[援助]実現に関する協議に移りました。ひとつ困難が生じました。私どもはソ連が占領する地域全体の政府として、すべての市民を対等に扱う義務があります。しかし、ソ連の援助物資は、はっきりウィーンにだけ宛てられていました。私どもはなにができるか、詳細に検討した結果、次の結論に至りました。

これまで地方からウィーンに持ち込まれた備蓄品をすべてウィーンの外に戻し、それによって今後しばらく、地方でもウィーンと同等の割り当てが導入できること。六月末にハンガリーの作物が実るので、オーストリアの新しい作物を収穫できるまで、ハンガリーが必要とする当地の数多くのものの見返りに援助をうけること。ハンガリーの援助物資はウィーンに留め置くこと。司令部の同意をえて、ヴィーナー・ノイシュタットもウィーンと同じように扱うこと。ここはオーストリアの都市に限らず、あらゆる都市のうちで、おそらくもっとも被害をうけたこと。量的にはともかく、ここがソ連の援助物資を受け取ること自体が、慰藉であるとともに、その栄誉をたたえるものであること、以上です。

意図するハンガリーとの物の交換について、次のことをどれだけ強調しても、しすぎることはありません。私どもの政府が承認されないことと、占領された地域が互いに切り離されていることとの全般的な愚かさは、この個別の交換にも表れています。オーストリアは、ザルツカマーグート（上オーストリア州とザルツブルク州）で豊富に塩を産出し、その採取法は模範的です。しかし、私どもはそこに行くことができません。ハンガリーは緊急に塩を必要としています。これまでいつも我が国から塩を入手し、見返りに小麦と家畜を供給していました。しかし、この状況が続きますと、私どもは塩を入手できません。もうひとつ別の例をあげましょう。グラーツの町と中部シュタイアマルクの産業は、石炭をケフラッハの炭鉱から手に入れます。けれども、ここは米軍に占領されていて、石炭はグラーツの人々に届かないのです。この種のできごとは、さらに多くの例をあげることができます。現在の状況は、経済的に見ても社会的に見ても耐えられるものではありません。

私どもが国土と資源、さまざまな層の住民を知り尽くしたうえで行っている国家再建の努力が日々示していることは、外来者は、たとえどんなに好意的でも、目の前の経済、社会、政治の諸問題を自分たちだけで解決することなど、できはしないということです。放送で私どもは聞き知ったのですが、アレグザンダー(188)は、占領した地帯の立法・行政権を手中にしました。フォアアールベルクのフランス人も、おそらく同じことをするでしょう。混乱が、そうした措置から生じざるをえませんが、どのような混乱になりますことやら！　オーストリア人なら誰もが、連合国が全般の統制と、特定の事項で最高の指揮権とを握ることは当たり前と考えますが、それ以上のものは必要ないでしょうし、またできもしないでしょう。ヴィクトア・アードラーが繰り返し述べておりました。「ある州で成功裏に政治を行うには、自分のチョッキのポケットの中身と同じように、その州を知らなければならない」と。同じことは、一国を隅から隅まで統治するという、より大規模な企てについても言えます。西側諸国はそのうえ、「オーストリアと」まったく異なった自国の経済・社会構造のために、他方では、我が国がナチス体制によって疲弊し、さらに戦災を被ったために、この国でできることについて、まったく不適切な、あるいは控え目にいっても、ゆがんだ考えをもっています。もし私どもの承認が遅れ、また少なくとも［連合国が］合意した統一的な統治権のもとに統一政府が樹立されなければ、私はこの国のために、深刻極まりない事態が起きることを恐れます。

私どもの管理下にある地域に関しては、喜ばしいことに次のことを申し上げられます。三つの政党は――もっともこの国では他に存在しませんが――一致して協働しておりますし、住民の理解も得ております。小さなもめごとはあります。ブルジョア政党とプロレタリア政党との間で、また両プロレタリア政党の間で中立的な仲介者の役割を果たすのは、私にとっていつも容易というわけではありません。その際私は、たやすいことではありませんが、党人としての立場を捨て、移行期にあっては、我が国の将来の課題にかかわる私自身の考えを抑制することを忘れてはなりません。次の課題は、民主主義の基礎の上に共同体を再興することです。何よりもこの仕事を完成したいと考えております。さらなる課題を引き受けるために、自分の寿命と能力が十分であるかどうか、それは予測のかぎりではありません。

再度心よりの御礼とご挨拶を申し上げます。

敬具

レンナー

ソ連邦元帥J・W・スターリン閣下
侍史

付録5

カール・レンナー年表

一八七〇　ブドウ栽培農家、マッテウス・レンナーとマリア・レンナーの一八番目の子供として一二月一四日、ウンター・タノヴィッツ［ドルニ・ドゥナヨヴィツェ］に生まれる。
一八七三　両親は家の半分を売却せざるをえなくなる
一八七六　レンナーは秋、ウンター・タノヴィッツの小学校に入学。
一八八一　ニコルスブルク［ミクロフ］のギムナージウム入学。
一八八四　モラヴィアの総督庁から奨学金を受ける。
一八八五　五月、両親は破産して救貧院に移る。
一八八九　レンナー、優秀な成績でギムナージウムを修了。秋から国が費用を支給する一年志願兵としてウィーンで軍務に就く。
一八九〇　一〇月、ウィーン大学法学部に学生登録。この頃、後の配偶者であるルイーゼ・

シュトイチッチュと知り合う。
一八九一　八月一六日、ウィーンで娘レオポルディーネが生まれる。
一八九二　レンナー、労働者教育に参加、社会民主党に接近。
一八九五　「自然の友」の共同創立者となる。ヴィクトア・アードラーを知る。一二月一日、帝国議会図書館に就職。
一八九七　民族問題に関する著作の公刊を（筆名で）始める。二月二八日、ウィーン・ラントシュトラーセにて伴侶であるルイーゼ・シュトイチッチュと結婚。
一八九八　一一月一八日、二法［市民法と教会法］の博士（Doktor beider Rechte）となる。
一九〇三　協会「未来」でオーストロ・マルクス主義の理論家として活動を始める。
一九〇四　雑誌『マルクス研究』にレンナーのもっとも重要な著作「法制度の社会的機能、特に所有について」が載る。
一九〇五　第一ウィーン消費者協会での活動開始。
一九〇七　選挙区ノインキルヘンの帝国議会議員となる。
一九〇八　［ウィーン］ファヴォリッテン選挙区で下オーストリア州議会議員となる。
一九一〇　グログニッツで別荘を取得。ここを起点に、労働者教育講座受講者とともに、これ以降遠足を行う。グログニッツではさらに、住宅建設協同組合を仲間とともに設立。

一九一一　オーストリア消費者協会の理事長に選出される。

一九一二　オーストリア労働者連合信用連盟設立の音頭をとる。

一九一四　『労働者新聞』で論説を執筆。

一九一六　官庁である食糧庁のディレクターとなる。

一九一七　シュテュルク首相を殺害したフリートリッヒ・アードラーが、五月の自分の裁判で社民党とともに、とくにレンナーを不誠実の廉で弾劾する。

一九一八　一〇月三一日、官房長として共和国「ドイツオーストリア」の首相となる。一一月一二日、暫定国民議会が、レンナーの起草した移行憲法草案を採択。

一九一九　社民党に勝利をもたらした二月一六日の選挙後、キリスト教社会党と連立内閣を組閣。五月、サン・ジェルマンに赴くオーストリア講和代表団の団長となる。九月一〇日、［講和］条約に調印。

一九二〇　七月、ミヒャエル・マイアー主宰の比例配分内閣成立後、［首相を降り、兼任だった］外務大臣に専念。一〇月の選挙後、社会民主党は野に下る。

一九二三　レンナーが提案して労働者銀行が開設される。初代代表取締役となる。

一九二六　リンツ党大会で政治環境の先鋭化に反対を唱える。

一九二七　悲劇的な司法会館炎上後、和解努力を強める。
一九二九　『私法制度の社会的機能』増補版が出版される。
一九三一　四月二九日、国民議会議長となる。連邦大統領選挙（一〇月一八日）の社会民主党候補となるも、選挙は取りやめとなり、国会両院投票に切り替えられる。キリスト教社会党のヴィルヘルム・ミクラスが選出される。
一九三三　三月四日、党と合意の上で国民議会議長辞任。他党の副議長も辞任したため、首相ドルフースが議会排除の口実を手にする。レンナー、危機解決策を提案。連邦大統領やブルジョア政府は冷ややかな態度を取る。
一九三四　二月一二日より五月二〇日まで、反逆罪でウィーンの州裁判所付属拘置所に勾留される。釈放後、社会民主党と連絡は取るものの、非合法活動には参加せず。
一九三八　四月三日の『新ウィーン日報』にレンナーとのインタビューが掲載され、レンナーは、ヒットラーの国民投票に「イエス」票を投ずるよう勧める。その後、レンナーはグログニッツに隠棲し、自伝と詩を書くことに専念。
一九四五　四月二日、グログニッツでソ連軍と接触。ソ連はレンナーを政府首班に選ぶ。レンナーは四月二七日、ウィーンで集中政府を樹立。全国土を統治するという要求を掲げる。一〇月二七日、ウィーン大学で国家学の名誉博士となる。一一月に行われた初めての選挙後、国会両院総会で連邦大統領に選出される（一二月二〇日）。
一九四七　一月一九日付け『ウィーン新聞』で中立オーストリアの提案を行う。
一九五〇　一二月三一日、心臓発作のためウィーンにて死去。

人名・事項訳注

（1）シャルル・ド・ゴール Charles De Gaulle（一八九〇―一九七〇）：フランスの軍人、政治家。第二次世界大戦中、亡命先のロンドンより、ＢＢＣを通じてナチスへの抵抗を呼びかける。一九四四年、自由フランス軍を率いてパリ入城。臨時政府首班。一九四五―四六年、首相。一九五八年、第五共和国初代大統領、一九六九年、退陣。

（2）カール・グスタフ・エミール・マッナヘイム Carl Gustaf Emil Mannerheim（一八六七―一九五一）：フィンランドの軍人、政治家。一九一七年、フィンランドがロシアから独立した後の内戦で、社会主義革命を目指す赤衛軍を相手に白衛軍を率いて闘い、独立の確保に貢献。第二次世界大戦中の一九四四年、第六代大統領に就任。ナチス・ドイツとソ連の狭間でフィンランドの独立維持に腐心した。

（3）ファン・ドミンゴ・ペロン Juan Domingo Perón（一八九五―一九七四）：アルゼンチンの軍人出身の政治家。一九四三年、クーデタに成功、新政権で陸相、労働相、副大統領を務める。一九四六年、大統領就任、独裁政治を行う。一九五五年、軍部右派のクーデタで失脚、亡命。民政移管（一九七二年）後の一九七三年、大統領として政権復帰。しかし、九か月後病没。

（4）職能身分代表制国家：首相ドルフース（一八九二―一九三四）の始めた独裁体制で、ナチス・ドイツによるオーストリア併合（一九三八年）まで続く。選挙により選ばれた議会を一九三三年に排除、国民を七つの「職業協同体」にまとめようとした。（このグループは、「身分」という言葉で表現される。）国民は雇用者・被用者が一緒になって、一、農林業、二、鉱工業、三、手工業、四、商業・輸送業、五、金融・信用・保険業、六、自由業、七、公務のいずれかのグループに所属することにより、国政に代表を送る。各「身分」が代表を出す国家評議会、州評議会、連邦文化評議会、連邦経済評議会が設けられ、さらにこうした機関の代表からなる連邦会議が、従来の議会に取って代わった。しかし、各評議会・連邦会議の権限は、実際には諮問に対する答申に限られた。この体制は、立法に対する行政の絶対優位を確立、従来の憲法で保障された人権を顧みることもなく、別名オーストロ・ファシズムと呼ばれる。

（5）ハンガリーとの妥協：ドイツ語でアウスグライヒ Ausgleich と呼ばれる。これによりオーストリア＝ハンガリー二重帝国が成立した。両国はそれぞれの議会と政府を備え、外交、財政、軍事だけを共通のものとした。オーストリア皇帝がハンガリー国王を兼ねることにより一体性を確保。二重帝国は一九一八年まで存続した。

（6）ジャック・ハッナク Jacques Hannak（一八九二―一九七三）：著述家、ジャーナリスト。社会民主党・社会党の活動家。主著『カール・レンナーとその時代』（一九六五年）。

（7）ハルプラーン Halblahn：モラヴィアで、ほぼ一〇ヘクタールの農地・草地と付属する家屋とを併せてハルプラーンと呼んだ。ハルプは半分を意味し、「完全」なラーン（ガンツラーン Ganzlahn）は、ほぼ二倍の二〇ヘクタールほどを有した。

（8）ゼックスウントゼヒツィヒ：数字の六六。子供の戦争ごっこで、一八六六年のオーストリア・プロイセンの戦争に因む。

（9）ピアリスト修道会：一六世紀に遡るカトリック男性修道会。教育、学校業務に携わる司祭が多く所属する。

（10）アウグスト・ベーベル August Bebel（一八四〇―一九一三）：ドイツの社会主義政治家、社会民主党創立者の一人。はじめ自由・民主主義的立場から労働運動を率いていたが、マルクス主義者になる。一八六九年、社会民主労働者党（アイゼナッハ派）を創立、一八七五年、ラッサール派と合同（社会主義労働者党となり、一八九〇年より社会民主党となる）。ビスマルクの社会主義者鎮圧法（一八七八―九〇年）と闘う。その後、社会民主党および第二インターナショナルで、左派と修正主義派との間の中間派の立場を取った。

（11）フェルディナント・ラッサール Ferdinand Lassalle（一八二五―六四）：ドイツの労働・社会主義運動指導者。一八四八年より五〇年代を通じてカール・マルクスと交流。しかしその後、離れる。一八六三年、普通選挙を求める全ドイツ労働者同盟を設立。労働者階級解放のため、国家補助による生産組合を提唱。ビスマルクに接近、プロイセン国家を信奉。一八六四年、決闘の傷を原因として死亡。レンナーの国家観に影響を与えたと考えられる。

（12）カール・ルエーガー Karl Lueger（一八四四―一九一〇）：政治家。一八九三年、キリスト教社会党党首。一八九七年、ウィーン市長となり街の近代化に努める。下層中間層に訴えるポピュリストで、反ユダヤ主義を標榜。ヒットラーは、自分の師の一人であると語る。

（13）アロイス・ローラウアー Alois Rohrauer（一八四三―一九二三）：大工の子に生まれる。精密機械工として働く傍ら、社会民主党の政治活動・労働運動に参加。レンナーとともに「自然の友」（ハイキング・旅行のための社会民主党系労働者組織）を設立、死去までその代表を務める。

(14) 社会民主党：正式名称は社会民主労働者党。本書では、社会民主党と略称。一八八八・八九年のハインフェルト党大会で、さまざまな左派政治潮流を統合して成立した。党首はヴィクトア・アードラー。第一次世界大戦後、オットー・バウアーが党を主導。オーストロ・ファシズムのもとで「革命的社会主義者」グループに再編、非合法活動を行う。一九三八年、ドイツによるオーストリア併合後は、ほぼ解体状況。第二次世界大戦後、かつての右派グループが主導して社会党として復活再編。一九九一年以降、社会民主党と称する。

(15) フリートリッヒ・エンゲルス Friedrich Engels（一八二〇―九五）：一八四二年、カール・マルクスと出会う。一八四八年、マルクスとともに「共産党宣言」を起草。一八五〇年以降、マルクスを経済的に支援するため、英国マンチェスターでビジネスに従事。マルクス亡きあと、『資本論』第二巻（一八八五年）、第三巻（一八九四年）を刊行。

(16) マックス・アードラー Max Adler（一八七三―一九三七）：社会民主党・オーストロ・マルクス主義の理論的指導者。（ヴィクトア・アードラーの縁戚ではない。）ウィーン大学で法律を学び、一八九六年、法学博士。当初、弁護士として働く。一九〇四―二三年、ヒルファーディングとともに『マルクス研究』を発行。一九一九年、社会学で教授資格取得。一九二一年よりウィーン大学教授。新カント派マルクス主義の立場に立つ。『カントとマルクス主義』（一九二五年）ほか、著作多数。

(17) ルードルフ・ヒルファーディング Rudolf Hilferding（一八七七―一九四一）：ドイツ社会民主党の理

論家・政治家。ウィーン大学で医学を修め、臨床に従事の傍ら、経済学研究。一九〇六年、オーストリアからドイツに活動の場を移す。一九一〇年、『金融資本論』を発表。第一次世界大戦中の一九一七年、社会民主党に批判的な独立社会民主党に入党、一九二二年、両党が再統一した社会民主党に加わる。一九二三年、短期、財務大臣を務める。一九二四年から国会議員を務め（一九三三年まで）、一九二八―二九年財務大臣。一九三三年、ナチスを逃れてフランスに亡命。一九四一年、南フランスで捕えられ獄死。

(18) ジャック・フロイントリッヒ Jacques Freundlich（一八七四―一九五二）：ウィーン大学で法律を学ぶ。社会主義学生団体でレンナーその他、後のオーストロ・マルクス主義者と知り合う。博士号取得後、弁護士となる。一九二六年、レンナーの後継者として労働者銀行の代表取締役となる。一九三一年より憲法裁判所判事を務める。ドイツによる併合（一九三八年）後、パリ等を経由して米国に亡命。戦後の一九五〇年にチューリッヒに移る。レンナーの葬儀に参列。チューリッヒにて一九五一年没。

(19) エンゲルバート・ペルナシュトルファー Engelbert Pernerstorfer（一八五〇―一九一八）：当初、ゲオルク・フォン・シェーネラーのドイツ民族主義グループに所属。一八八五―九七年と一九〇一―一八年、帝国議会議員を務める。一八九六年に社会民主党に参加。ヴィクトア・アードラーと並んで同党の指導者となる。

(20) ヴィクトア・アードラー Victor Adler（一八五二―一九一八）：オーストリア社会民主党の創立者・指導者。医師として労働者の生活に関心を寄せ、カール・マルクス、フリートリッヒ・エンゲルスの影響のもと、社会主義者となる。修正主義的・改良主義的傾向を帯びる。党の統一を何よりも重視。第一次共和国のレンナー内閣で外相を務める。

(21) オットー・バウアー Otto Bauer（一八八一―一九三八）：社会民主党の政治家。オーストロ・マルクス主義の代表者の一人。一九〇七年、社会民主党帝国議会議員団書記に就任するとともに、党機関紙『労働者新聞』を編集。『民族問題と社会民主主義』（一九〇七年）の著者として、民族問題をめぐりカウツキー、レーニンと論争。第一次世界大戦では将校として東部戦線へ。一九一四年秋、ロシア軍の捕虜となり、ロシア革命を経験。一九一七年、捕虜交換で帰国。当時の党指導部を批判する左派を領導。一九一八年の革命後、レンナー内閣の外務大臣に就任（ヴィクトア・アードラーの死去に伴い後任となる）。ドイツとの合邦を目指す外交を推進。しかし、ドイツの消極的態度と戦勝国の反対に遭い、外相辞任（後任はレンナー。首相と兼務）。一九二〇年、保守との連立政権解消後、野党指導者として、一貫して政権との対決姿勢を取る。国際的には、社会主義運動・労働運動が改良主義とボリシェヴィズムへ分裂するのを回避すべく、ウィーン・インターを設立。一九三四年二月の内乱後、チェコへ亡命。一九三八年、ブリュッセルを経てパリへ再亡命。同年七月、心筋梗塞のため客死。

(22) カール・ザイツ Karl Seitz（一八六九―一九五〇）：社会民主党所属の政治家。一九〇一年より帝国議会議員。一九一八年一〇月、暫定国民議会共同議長の一人。一九一八年一一月、ヴィクトア・アードラー没後、社会民主党党首就任。一九一九年二月、憲法制定国民議会議長＝国家元首就任（一九二〇年一二月まで）。一九二三―三四年、「赤いウィーン」の市長。第二次世界大戦中は一時、強制収容所に送られる。戦後、社会党結党に際して党首を降りる。

(23) 自然の友:注(13)を参照。

(24) エドムント・ベルナツィク Edmund Bernatzik(一八五四―一九一九):法律家、大学教授(憲法、行政法)。ウィーンとグラーツで学び、一八七四年、法学博士。一八八六年、ウィーン大学で公法の教授資格取得。バーゼル、グラーツを経て、一八九四年、ウィーン大学教授。一九一〇―一一年、学長を務める。

(25) オイゲン・フォン・フィリッポヴィチ Eugen von Philippovich(一八五八―一九一七):経済学者、大学教授。ウィーンとグラーツで法律を学ぶ。一八八四年、ウィーン大学で経済学の教授資格を取得。フライブルク(一八八五―九三年)、ウィーン(一八九三―一九一七年)で教鞭をとる。社会政策学会会員。J・シュンペーター、E・レーデラーはその弟子。

(26) アントン・メンガー Anton Menger(一八四一―一九〇六):法律家・社会理論家。一八六五年、ウィーン大学で法学博士。民事訴訟法の研究。その後、私法秩序全体を批判し、法学的立場に立った社会主義理論の構築に力を注ぐ。一八七五―九九年、ウィーン大学教授。一八九五―九六年、同学長。主著『労働全収権史論』(一八八六年)、『民法と無産階級』(一八九〇年)。経済学者カール・メンガーの弟。

(27) ジークフリート・ザローモ・リピーナー Siegfried Salomo Lipiner(一八五六―一九一一):著述家、詩人。一八八一年より三〇年にわたり帝国議会図書館館長。指揮者・作曲家グスタフ・マーラーの親友。

（28）パウル・ガウチュ・フォン・フランケントゥルン Paul Gautsch von Frankenthurn（一八五一―一九一八）：政治家、男爵。三度、首相を務める（一八九七―九八年、一九〇五―〇六年、一九一一年）。最初の在任中は内務大臣を兼任。

（29）アードルフ・シェルフ Adolf Schärf（一八九〇―一九六五）：社会民主党・社会党の政治家。労働者の家庭出身。一九一四年、ウィーン大学で法学博士。志願兵として第一次世界大戦で戦う。一九一八―三三年、社会民主党国会議員団秘書および国会議長秘書（ザイツ、エルダッシュ、レンナー）を務める。一九三四年二月の内乱後、逮捕・失職。一九三六―四五年、自分の弁護士事務所を開設して弁護業務に従事。第二次世界大戦中は抵抗組織O5と接触を保つ。一九四四年、ヒットラーの暗殺未遂後、五週間逮捕・拘束される。一九四五年四月、社会党設立に参加して暫定党首就任（党首は強制収容所に囚われたままのカール・ザイツ）。同時にレンナー内閣の大臣となり、レンナー、フィグル（国民党）、コプレニヒ（共産党）とともに閣僚会議（閣内の幹部会）を構成する。一九四五年一二月―五七年五月、社会党党首と同時に、国民党との連立政権の副首相を務める。一九五七―六五年、死去まで大統領。

（30）ブリュン Brünn：チェコ語でブルノ Brno。モラヴィア南部の中心都市。

（31）属地主義、属人主義：ここでは民族問題の考え方で、民族別の地域の自治を認めることを属地主義といい、これに対して、自分がどの民族に属するかを個別に申告させ、それを基に民族台帳を作成して民族共同体を構成することを属人主義と呼ぶ。属人主義では、言語・教育などの文化領域の自治を、この民族共同体に委ねる。

（32）ヴァルター・ゴルディンガー Walter Goldinger（一九一〇―九〇）：歴史家。一九七三―七五年、オーストリア国家文書館館長。

（33）ロバート・アードルフ・カン Robert Adolf Kann（一九〇六―八一）：法律家、歴史家（ハプスブルク帝政研究）。一九三〇年、ウィーン大学で法学博士号取得、弁護士として働く。一九三八年、ロンドンへ亡命、一九三九年、さらに米国へ移る。一九四六年、コロンビア大学で歴史学の博士号取得、一九五六―七六年、ラトガース大学教授。

（34）ヴィッリバルト・マリア・プレッヒル Willibald Maria Plöchl（一九〇七―八四）：一九三一年、ウィーン大学で法学博士。下オーストリア州政府で働く。一九三五年、ウィーン大学で教会法の教授資格獲得。一九三八年、オランダへ亡命、さらに米国に渡る（一九四一―四七年）。第二次世界大戦後、帰国し、ウィーン大学の教会法教授となる（一九四八―七七年）。

（35）ノーバート・レーザー Norbert Leser（一九三三―二〇一四）：ウィーン大学で法学と社会学を学ぶ。一九五八年、法学博士。一九六九年、グラーツ大学で教授資格取得。著作『改良主義とボリシェヴィズムの間で』は、オーストリア社会民主主義とオーストロ・マルクス主義の基本文献となる。一九七一年よりザルツブルク大学政治学教授。一九八〇―二〇〇一年、ウィーン大学の社会哲学教授。

（36）ヨーゼフ・レートリッヒ Josef Redlich（一八六九―一九三六）：法律家、政治家、学者。モラヴィアで砂糖工場を経営するユダヤ人家庭の出身。ウィーン大学で法律を学び、一八九一年、法学博士。一九〇一年、教授資格取得後、一九〇九―一八年、憲法・行政法の教授としてウィーン工科大学で教える。一九二六―三四年、米国ハーヴァード大学でも教鞭をとる。政治家としては一九〇七―一八年、帝国議会議員。一九一八年一一月、カール皇帝の退位宣言起草に参画。一九三一—三六年、オランダ・ハーグの常設国際法廷で判事補を務める。

(37) アウレル・ポポヴィチ Aurel Popovici (一八六三—一九一七):ルーマニア人の弁護士、政治家。トランシルヴァニア (ハンガリー領)・ルーマニア人の民族的権利を擁護してフランツ・ヨーゼフ皇帝に訴えを提出。欠席裁判で四年の禁固刑判決を受ける。スイスを経由してルーマニアに逃れる。皇位継承者フランツ・フェルディナントを取り巻くグループに所属、帝国を一五の民族国家から成る大オーストリア連邦国家に転換する構想を打ち上げる。ハンガリーの抵抗と皇太子暗殺のため、構想だけに終わる。

(38) マックス・ヴェーバー Max Weber (一八六四—一九二〇):ドイツの経済学者、社会学者。フライブルク大学 (一八九四年)、ハイデルベルク大学 (一八九七年)、ミュンヘン大学 (一九一九年) の教授を歴任。『社会科学及び社会政策雑誌』を編集。「プロテスタンティズムの倫理と資本主義の精神」等を発表。歴史社会の法則的発展説に疑問を投げかけ、マルクスとともに社会科学に大きな影響を与えた。

(39) カール・カウツキー Karl Kautsky (一八五四—一九三八):哲学者、社会民主党の政治家。一八七五年、オーストリア社会民主党入党。一八八一年、ロンドンでマルクス、エンゲルスの知遇を受ける。一八八三年、ドイツ社会民主党機関誌『ノイエ・ツァイト』を創刊・編集 (一九一七年まで)。一八九一年、ドイツ社会民主党のエルフルト綱領を起草。エンゲルスの死後、アウグスト・ベーベルとともにドイツ社会民主党の主導権を握る。ベルンシュタインの修正主義に対し、マルクス主義の妥当性を擁護。一九一七年、社会民主党指導部の戦争支持に反対し、独立社会民主党に移る。一九二二年、復帰。一九二四年、引退してウィーンに戻る。一九三八年のナチス・ドイツによるオーストリア併合時にアムステルダムへ逃れ、その地で客死。

(40) グスタフ・エックシュタイン Gustav Eckstein (一八七五—一九一六)：社会主義者、ジャーナリスト。ローザ・ルクセンブルクの『資本蓄積論』批判で知られる。

(41) フリートリッヒ・アードラー Friedrich Adler (一八七九—一九六〇)：社会主義者、政治家。ヴィクトア・アードラーの息子。一九一一年、社会民主党書記。一九一六年、戦争反対の立場から、時の首相シュテュルクを殺害したことで知られる。両大戦間期、オットー・バウアーとともにオーストリア社会民主党左派の指導者。一九二三年に設立された社会主義労働者インターナショナルでも指導的役割を果たす。第二次世界大戦中、米国に亡命。

(42) オーストロ・マルクス主義：一九世紀末から両大戦間期までオーストリアで活動したマルクス主義者の理論体系を指す。代表者はマックス・アードラー、ヒルファーディング、バウアー、レンナー等で、オーストリアで活動を開始しながら、後にドイツに移った者 (例えばカウツキー) も広く含めることがある。ドイツ社会民主党で生まれた修正主義 (マルクス主義の原則に修正を加えようとする) に反対するとともに、ロシア革命以後のボリシェヴィズム (暴力革命路線) をも批判した。第三の道を模索。第一次世界大戦前にオーストリア＝ハンガリー帝国の民族問題に積極的に取り組んだことでも知られる。属人主義に基づく文化自治論を打ち出した。

(43) 正統派と修正主義派との論争：ベルンシュタインに始まる、マルクス主義の原則修正の主張 (労働者の窮乏化・階級闘争・プロレタリア革命の否定、議会制民主主義の重視）に対し、正統派はマルクス主義の原則を擁護。
(44) フリッツ・クレナー Fritz Klenner（一九〇六—九七）：一九二七—四五年、貯蓄銀行職員として働く。第二次世界大戦前から労働組合運動に参加。一九五六—五九年、オーストリア労働組合同盟総書記代理。一九六三—八一年、銀行（ＢＡＷＡＧ）の頭取、監査役会会長を務める。
(45) ミヒャエル・ハイニッシュ Michael Hainisch（一八五八—一九四〇）：大ドイツ人民党に近いものの、無党派の社会・経済政策家。一八八二年、ウィーン大学で法学博士。第一次オーストリア共和国初代大統領（一九二〇—二八年）。一九二九—三〇年、商務大臣としてショーバー内閣に入閣。一九三八年、ヒットラーによるオーストリア合邦（併合）に賛成を表明した。
(46) オスカー・ヘルマー Oskar Helmer（一八八七—一九六三）：社会民主党・社会党所属の政治家。一九〇七年、レンナーが初めて帝国議会に立候補したときに応援。一九二一—三四、下オーストリア州政府メンバー、一九二七年より知事代理。一九三四年二月の内乱後、逮捕、短期間拘束。一九三五—四五年、保険会社で働く。一九四五—五七年、社会党下オーストリア州委員長。一九四五—五九年、国民党・社会党の連立内閣で内務大臣。この立場で警察を占領権力（ソ連）と共産党の影響から遠ざけることに成功。政界引退後は国有化銀行（レンダーバンク）の頭取。
(47) ルートヴィッヒ・アウグスト・ブレートシュナイダー Ludwig August Bretschneider（一八六〇—一九二九）：社会民主党の政治家。一九〇七—一八年、帝国議会議員、一九一八—二七年、暫定国民議会、憲法制定国民議会、国民議会の各議員を歴任。一八九〇年、初のメーデーを組織し、成功に導く。

(48)アンドレアス・ヴコヴィチ Andreas Vukovich（一八九五―一九七五）：当時、グログニッツ消費協同組合理事長。第二次世界大戦後まで一貫して消費協同組合で活動。

(49)併合の危機：オーストリア＝ハンガリー帝国は、一八七八年のベルリン条約で行政権を獲得したボスニア・ヘルツェゴヴィナ二州を一九〇八年に併合。アドリア海への出口を求めていたセルビアも同二州に強い関心を抱いており、二国間の緊張が一挙に高まる。半年ほど開戦の危機を孕んだにらみ合いが続くが、一九〇九年三月、セルビアは併合を認める。しかし、この併合は大セルビア主義や汎スラブ主義を強く刺激して、第一次世界大戦の遠因となる。

(50)バルカン戦争：バルカン半島で影響力拡大を目指して、第一次と第二次の二度戦われる。第一次（一九一二―一三年）ではセルビア、モンテネグロ、ブルガリア、ギリシャの「バルカン同盟」が、オスマン帝国を相手に戦い、ロシアが「同盟」を支援、オーストリア＝ハンガリー帝国はオスマン帝国を支援した。この戦後処理を巡って再び対立が生ずる。今回は、ブルガリアがセルビア・モンテネグロ・ギリシャ、ルーマニア、オスマン帝国の三者を敵とした。オーストリア＝ハンガリー帝国はブルガリアを支援、ロシアはセルビア・モンテネグロ・ギリシャを支援。最大の犠牲を強いられたブルガリアとヨーロッパ側の領土をほぼ失ったオスマン帝国とが、戦後接近し、第一次世界大戦の要因の一つとなる。

(51)ドイツの「中欧」構想：フリートリッヒ・ナウマンの構想。ドイツの影響下に大規模な中央ヨーロッパ（西欧とロシアの間に位置する中欧）を形成することこそが、ドイツが自己保存を図り、世界政治において影響力を行使するための必要条件であると主張し、また関税同盟を結成して大経済圏を形成すべきであるとした。
(52) 皇帝カール一世自身によって……招かれた：皇帝との一九一七年の会見については、レンナーによる後年の回想、付録一を参照。
(53) カール・シュテュルク Karl Graf Stürgkh（一八五九—一九一六）：伯爵、旧い貴族の家系出身。一八九一年より帝国議会議員、一九〇九—一一年、文部大臣、一九一一—一六年、首相。一九一四年三月、帝国議会を休会し、皇帝勅令を使って政治を進める。再三の議会開催要求を無視（したがって、一九一四年七月の対セルビア宣戦布告にも議会は関与しなかった）。議会無視、基本権無視、検閲強化による独裁に抗議したフリートリッヒ・アードラーの銃弾に斃れる（一九一六年一〇月）。
(54) 一九一八年一月のストライキ：戦争がもたらした国内での食糧・燃料の不足は、厳しい冬と相俟って、各都市で労働者のストライキ、路上の騒擾を引き起こした。労働者たちは戦争終結の要求を掲げた。
(55) ヨードク・フィンク Jodok Fink（一八五三—一九二九）：フォアアールベルク州の農民。州政治で活躍し、一八九七年より帝国議会議員。当初、無党派だったが、一九〇一年よりキリスト教社会党に加わる。一九一四—一八年、帝国食糧管理庁支配人（の一人）。一九一八—二九年、暫定国民議会、憲法制定国民議会、国民議会の各議員を順次務める。一九一九年三月—二〇年六月、レンナー内閣の副首相。退任後、表舞台より退き、党派間の妥協に尽力する。
(56) フランツ・ディングホーファー Franz Dinghofer（一八七三—一九五六）：裁判官、ドイツ民族主義派政治家。一八九七年、グラーツ大学で法学博士。裁判官として働く。一九〇七―一八年、リンツ（上オーストリア州）市長。一九一一―一八、帝国議会議員。一九一七年、食糧管理大臣。一九一九年、大ドイツ連盟設立（一九二〇年、大ドイツ人民党に改組）。一九二〇―二八年、国民議会議員。一九二六年以降、ザイペル内閣の副首相、首相府大臣、法務大臣を歴任。その後一九三八年まで最高裁判所長官。

(57) ハンス・レーヴェンフェルト＝ルス Hans Löwenfeld-Russ（一八七三―一九四五）：一八九六年、プラハにて官僚生活を始める。一八九八年、ウィーンの商務省に移る。一九一七年、新設の食糧管理庁にてレンナーのもとで働く。一九二〇年、官界を去る。一九四五年、レンナーが、食糧管理の専門家として内閣に招聘しようとしたときは、すでに死去。

(58) ドイツ・ボヘミア：ドイツ人が多く居住するボヘミア北部および西部地域。

(59) ズデーテン諸地方：モラヴィアの北部と旧オーストリア領シレジアを指す。後にナチス・ドイツが併合したズデーテンラント（ドイツ人が集住するボヘミア・モラヴィアの国境地帯全体）とは一致しない。

(60) ハインリッヒ・ラッマシュ Heinrich Lammasch（一八五三―一九二〇）：刑法・国際法教授。一九一八年の一〇月から一一月にかけて、オーストリア＝ハンガリー帝国の最後の首相を務める。帝国首相としては、初の非貴族出身。一九一八年、カール皇帝に退位を進言し、皇帝の国事不関与宣言（事実上の退位宣言）の署名につなげる。

(61) 国務会議 Staatsrat：暫定国民議会が選出した三人の共同議長と二〇名の執行委員会から成る。この国務会議が、自己のうちから首相を指名するとともに、政府（国務会議の受託者＝国家秘書と名付けられた大臣から成る）も指名する。首相は政府の座長を務めた。一九一九年三月一五日、憲法制定国民議会体制の開始とともに廃止。

(62) ヴラスティミル・トゥーサル Vlastimil Tusar（一八八〇―一九二四）：チェコスロヴァキアの政治家。一九一一―一八年、オーストリア帝国議会議員（チェコ社会民主党所属）。チェコスロヴァキアの独立後、同国議会メンバーとなるも、オーストリア政府との交渉（主に国境画定）のためウィーンに残留する。一九一九―二〇年、二期にわたり社会民主党と農業党との連立政府首相を務める。一九二一―二四年、ベルリン駐在大使。

(63) イグナーツ・ザイペル Ignaz Seipel（一八七六―一九三二）：カトリックの神学者・司祭、キリスト教社会党所属の政治家。一九〇三年、神学博士、一九〇八年、教授資格取得。一九〇九―一七年、ザルツブルク大学で道徳神学教授、その後ウィーン大学に移籍。一九一八年、ラッマシュ内閣の公共事業・福祉相、皇帝の退位宣言起草に関与。一九一九―二〇年、憲法制定議会議員、一九二〇―三二年、国民議会議員。一九二二―二四年、キリスト教社会党・大ドイツ人民党連立内閣の首相、国家財政再建に尽力。一九二六―二九年、再度首相就任（連立の相手は、大ドイツ人民党および土地同盟）、オットー・バウアーの率いる社会民主党とは対決路線を堅持。

(64) エンゲルバート・ドルフース Engelbert Dollfuß（一八九二―一九三四）：キリスト教社会党の政治家、職能身分代表制国家創始者。ウィーン大学で法律、ベルリン大学で経済学を学ぶ。一九二二年、法学博士。第一次世界大戦従軍後、下オーストリア州農民同盟（Bauernbund、農民の利益代表組織。

一八八六年に始まる各州組織に続き、一九一九年に全国組織がつくられる）書記。一九二七年、下オーストリア州農業会議所会頭。一九三〇年、キリスト教社会党入党。一九三一年、農林大臣、一九三二―三四年、首相兼外相。一九三三年、議会を排除し、緊急令で統治。一九三三年、ナチス党、共産党、共和国防衛同盟（社会民主党の準軍事組織）を禁止。一九三四年二月の内乱後、社会民主党も禁止する。一九三四年の五月憲法で職能身分代表制国家を創始（教会、護国団、農民に依拠。イタリア・ファシズムに倣った独裁体制は、オーストロ・ファシズムと呼ばれる）。同年七月のナチスによる反乱で殺害される。

（65）ネリー・ブライ Nellie Bly（一八六七―一九二二）：本名エリザベス・シーマン、米国のジャーナリスト。精神病院の実体を暴露した記事、あるいは七二日間世界一周の記事で知られる。

（66）社会化：第一次世界大戦敗北の結果、ドイツやオーストリアでは、新体制構築の意欲、新たな体制の構想、その実現の方法・手順等すべてが、社会化という一語に集約されて語られた。議論に参加したのは、必ずしも左翼に限定されず、提唱者の幅の広さは、社会化の意味の多様化・曖昧化につながった。オーストリアでは、オットー・バウアーの『社会主義への道』で展開された社会化論（社会主義化の過渡期に重要産業を公有化し、経済決定過程へ直接生産者と消費者を参画させようとする議論）が大きく注目された。

（67）イタリアによる計略の可能性が問題だった：当時、イタリアは戦勝国として、従来オーストリア＝ハンガリー帝国の領土だった南ティロール、カナルタール（ヴァル・カナーレ）、沿岸地方（イストラ半島、ゴリツィア、トリエステ等を含む）、ザダール（ツァラ）、北部ダルマチア諸島等を併合する要求を持ち出していた。（実際、サン・ジェルマン条約で、かなりの部分が実現した。）バウアーには、こうした状況にもかかわらず、レンナーの新聞等への対応がすこし無頓着に過ぎると感じられたため、苦言になったものと思われる。

（68）南スラブ人：セルビア人、クロアチア人等、バルカン半島のスラブ民族を指す。

（69）南スラブ回廊構想：ハンガリー西部（現在のオーストリア・ブルゲンラント州）に散在するスラブ系のクロアチア人居住地をつないで、チェコから旧ユーゴスラヴィアに抜けるスラブ民族の回廊を設置する計画を指す。

（70）国事詔書：マリア・テレジアの父であるカール六世が、一七一三年、皇帝に属する諸王国・領土の一体不可分性と相続順位とを定めた相続順位法を制定し、公示したものを指す。

（71）ヨーゼフ・シュンペーター Joseph Schumpeter（一八八三—一九五〇）：オーストリア・米国の経済学者。イノヴェーションによる経済変動論の創始者、「創造的破壊」は人口に膾炙。一九〇六年、ウィーン大学で法学博士。一九〇九—一一年、チェルノヴィッツ大学教授。一九一一年、『経済発展の理論』発表。一九一一—一四年、グラーツ大学教授。一九一九年、レンナー内閣で財務大臣。一九二一—二四年、ビーダーマン銀行頭取。一九二五—三二年、ドイツ・ボン大学教授、一九三二—五〇年、米国ハーヴァード大学教授。一九三九年、米国籍取得、米国に永住。一九四二年、著作の中でもっとも著名となった『資本主義、社会主義、民主主義』を出版。

（72）レンナーは……追い払った：第一次オーストリア共和国初代大統領ミヒャエル・ハイニッシュ回顧録の言葉。

(73) フェルディナント・ハーヌシュ Ferdinand Hanusch (一八六六―一九二三):社会民主党の政治家。第一次共和国の社会政策を立案・実現(八時間労働、経営協議会、有給休暇、団体協約、社会保険等)。貧困の中で育ち、絹織物工として働く。一八九一年、二五歳で労働運動に参加。一九〇七―一八年、帝国議会議員。一九一八―二三年、暫定国民議会、憲法制定国民議会、国民議会各議員を歴任。一九一八―一九年、社会福祉大臣、一九一九―二〇年、社会行政大臣。労働者会議所の創立者、一九二一年、ウィーン労働者会議所初代会頭を務める。

(74) アントン・リンテレン Anton Rintelen (一八七六―一九四六):法律家、キリスト教社会党の政治家。グラーツ大学で法律を学ぶ、一八九八年、法学博士。一九〇二年、民事訴訟法で教授資格取得。一九〇三―一一年、プラハのドイツ大学教授、一九一一―一九年、グラーツ大学教授。第一次世界大戦では軍務に志願。一九一九―二六年および一九二八―三三年、シュタイアマルク州知事。一九二六年および一九三二―三三年、文部大臣。一九三三年、ローマ駐在大使。ローマ滞在中、ナチスと共謀。一九三四年七月のナチス反乱後の首相候補とされる。反乱失敗後、逮捕。終身禁固刑判決。一九三八年、恩赦により出獄。政治的影響力の再獲得はならなかった。

(75) ヨハッネス・ショーバー Johannes Schober (一八七四―一九三二):官僚、大ドイツ人民党所属の政治家。一八九八年、警察官僚としてキャリアを始める。中断はあるが、一九一八年より三二年まで首都の警視総監。一九二一―二二年、首相兼外相。一九二三年、設立されたインタポルの初代事務総長(一九三二年まで)。一九二七年七月の首都騒擾鎮圧でほぼ一〇〇名の死者を出し、厳しく批判される。一九二九―三〇年、再度首相、戦後賠償を終わらせる。一九三〇―三二年、副首相兼外相、ドイツとの関税同盟を目指すが、フランスの反対で成功せず。
(76) ヴィルヘルム・キーンツル Wilhelm Kienzl（一八五七―一九四一）：作曲家。哲学と音楽を学び、一八七九年、エドアルト・ハンスリックのもとで哲学博士。一八八三年以降、ヨーロッパ各地で音楽監督等を務める。リヒャルト・ヴァーグナー後の著名なオペラ作曲家のひとり。作品「聖句歌い」（一八九四年）、「牛追い歌」（一九一一年）。一九二〇年、レンナー作詞の「ドイツオーストリア、我が麗しの国」を作曲、一九二九年まで非公式国歌として歌われた。
(77) アルフレート・ギュルトラー Alfred Gürtler（一八七五―一九三三）：キリスト教社会党の政治家。一九一九―二〇年、憲法制定国民議会議員、パリ講和会議に参加。一九二〇―三〇年、国民議会議員。一九二一―二二年、ショーバー内閣の財務大臣。一九二六―二七年、シュタイアマルク州知事。
(78) エルンスト・シェーンバウアー Ernst Schönbauer（一八八五―一九六六）：大ドイツ人民党・土地同盟の政治家。一九一九―二〇年、憲法制定国民議会議員、パリ講和会議に参加。一九二〇―三〇年、国民議会議員。一九三〇年、政界より退く。
(79) 合邦：原語は Anschluß である。ふたつの国が「合体」するという中立的な意味でこの語が使用される場合は、「合邦」と訳した。しかし、「占領」を含意する場合は「併合」と訳した。ただし、Annexion も「併合」と訳してある。
(80) リヒャルト・シュラー Richard Schüller（一八七〇―一九七二）：一八九一―九八年、ジャーナリスト。一八九二年、ウィーン大学で法学博士。一八九八―一九一八年、商務省に勤務。一八九九年、カール・メンガーのもとで教授資格取得。一九一八―三八年、外務省勤務、通商局長。一九三八年、ナチス・ドイツのオーストリア併合後、イタリア、英国を経て米国に亡命（一九四〇年）。ニュー・スクール・フォー・ソーシャル・リサーチの教師。第二次世界大戦後、レンナーは、初代のウィーン駐在米国大使としてシュラーを呼び戻そうとしたが、死去まで米国に留まる。

（81）フェルトキルヒ Feldkirch：スイスとリヒテンシュタインに接する、オーストリア最西の町。協議のためパリから戻るレンナーとウィーン残留組との「中間点」として選ばれたのであろう。

（82）オットー・エンダー Otto Ender（一八七五—一九六〇）：弁護士、キリスト教社会党の政治家。一九〇一年、インスブルック大学で法学博士。一九一八—三〇年、フォアアールベルク州知事。一九一八—二〇年、同州のスイスとの合邦に動く。一九三〇—三一年、首相。一九三一—三四年、再びフォアアールベルク州知事。一九三三年、ドルフース首相が無任所大臣として入閣させる（一九三四年まで）。一九三四年五月の職能身分代表制国家憲法起草。一九三四—三八年、会計検査院総裁。

（83）フォアアールベルクの合邦問題：第一次世界大戦後にオーストリアの存続可能性を確信できなかったフォアアールベルク州では、スイスとの合邦を望む声が高まった（七割ないし八割の賛成）。しかし、実現しなかったのは、ドイツ語でカトリックのフォアアールベルク州がスイス連邦に加わることで、言語と宗教のバランスが崩れることをスイス側が恐れたためと言われる。

（84）講和会議最高委員会：パリ講和会議の最高決定機関、一〇人委員会とも呼ばれる。英・米・仏・伊・日の五大国全権各二人から構成された。

（85）諸州が個別にスイスで遂行してきた任務：フォアアールベルク州が行ったスイスとの合邦協議等を意味すると考えられる。

(86) ケルンテン州での住民投票開催：ケルンテン州南東部の帰属をめぐり、新生ユーゴスラヴィアとオーストリアが争い、パリ講和会議で住民投票を行うことが決められた。一九二〇年一〇月に行われた投票では、住民の大多数がオーストリア帰属を支持した。一九一九年九月の段階で、この投票実施時期は未定だった。

(87) エドヴァルド・ベネシュ Edvard Beneč（一八八四—一九四八）：チェコスロヴァキアの政治家（国民社会党）。第一次世界大戦中は、トマーシュ・マサリクとともにチェコスロヴァキア独立運動を指揮。一九一八年の独立後、外務大臣（一九一八—三五年）、首相（一九二一—二二年）、大統領（一九三五—三八年）。一九三八年のミュンヘン協定締結後、ロンドンに亡命。一九四〇—四五年、亡命政府大統領を務める。独立回復後、再び大統領（一九四五—四八年）。

(88) ヨーゼフ・シュテックラー Josef Stöckler（一八六六—一九三六）：農業者、キリスト教社会党の政治家。一九〇二—〇八年、下オーストリア州議会議員。一九〇六—二七年、下オーストリア州農民同盟議長。一九〇八—一八年、帝国議会議員。一九一八—一九年、農業大臣。一九一八—二七年、暫定国民議会、憲法制定国民議会、国民議会各議員を歴任。一九二七—三四年、連邦参議院議員、一九三〇—三一年、連邦参議院議長を務める。

(89) 国防大臣：社会民主党所属のユーリウス・ドイチュ Julius Deutsch（一八八四—一九六八）。社会民主党の政治家。一九〇八年、ウィーン大学にて法学博士。社会民主党中央書記局で働く。第一次世界大戦に従軍。戦後（一九一八—二〇年）、国防次官、国防大臣を務める。一九二〇—三四年、国民議会議員。一九二三年、準軍事組織の共和国防衛同盟を創設、司令官となる。一九三四年二月の内乱でチェコに亡命。一九三六―三九年、スペイン市民戦争従軍。敗北後（一九三九年）、パリに亡命、一九四〇年、ドイツのパリ占領とともに米国に逃れる（ユダヤ人の故）。戦後、帰国。社会党・国民党連立に反対、政治的影響力は回復しなかった。

(90) レオポルト・クンシャク Leopold Kunschak（一八七一―一九五三）：キリスト教社会党・国民党所属の政治家、労働運動の指導者。一八九二年、キリスト教社会労働者同盟設立（一九三四年まで議長）。一八九六年、キリスト教社会労働運動新聞『自由』を創刊。一九〇四―三四年、ウィーン市議会議員。一九〇七―一一年、帝国議会議員。一九一三―一九年、下オーストリア州議会議員。一九一九―二〇年、憲法制定国民議会議員。一九二〇―三四年、国民議会議員。民主主義者として護国団とドルフースの独裁政治に反対する。一九三八年、一九四四年の二度逮捕される。一九四五年四月二七日、レンナーその他とともにオーストリア独立宣言に署名。一九四五年、オーストリア国民党創立者の一人。一九四五―五三年、国民議会議員および議長を務める。

(91) カラヴァンケン山塊の壁：旧ユーゴスラヴィアに接して存在する。

(92) アルトゥーア・レーミッシュ Arthur Lemisch（一八六五―一九五三）：政治家。一八九七―一九〇六年、帝国議会議員。一九〇六年、ウィーンに背を向けて帰郷、農民を組織化（ドイツ自由連盟）。一九一八―二一年、ケルンテン州知事、この間、ケルンテン防衛を指揮、一九二〇年一〇月一〇日の住民投票を含めて州を主導。一九二七―三一年、再度州知事を務める。ドイツ民族主義派の政治家ではあるが、ナチスの共鳴者ではなかった。

(93) ハンス・ケルゼン Hans Kelsen（一八八一―一九七三）：オーストリアの法学者。一九〇六年、ウィーン大学で法学博士。一九一一年、教授資格取得。一九一九年、ウィーン大学公法・行政法教授就任。この頃、第一次オーストリア共和国憲法起草。一九三〇年よりケルン大学教授。一九三三年、ナチスの政権掌握とともに辞職。ジュネーヴの研究機関にて国際法を教授（一九四〇年まで）。一九四〇年、米国に亡命。事実・存在（Sein）の分野と規範・当為（Sollen）の分野を厳密に区分し、規範に関する認識の学である純粋法学を唱える。

(94) ヨハン・ペルツァー Johann Pölzer（一八七二―一九三四）：仕立屋。一八九七年、ウィーン・ファヴォリッテンで社会民主党地区組織を立ち上げ、一九三四年まで委員長。住民の声に耳を傾ける「護民官」として知られていた。一九〇八―一九年、下オーストリア州議会議員、一九二〇―三四年、国民議会議員。一九三四年二月の内乱に際して、心臓病のため入院治療中であったが、ファヴォリッテンに戻ったところで逮捕され、病院に収容される。同年四月死去。

(95) アルバート・ゼーヴァー Albert Sever（一八六七―一九四二）：疾病金庫職員、社会民主党の政治家。一九〇八年、下オーストリア州議会議員。一九一一―一八年、帝国議会議員。一九一九―三四年、暫定国民議会、憲法制定国民議会、国民議会各議員を歴任。一九一九―二一年、下オーストリア州知事。このとき、カトリック教徒の離婚経験者に戸籍役場での市民婚を可能とする。一九三四年二月の内乱で逮捕（妻は殺害される）。その後、政治の舞台を離れる。

(96) 司法会館焼き討ち：一九二七年一月、ブルゲンラント州シャッテンドルフで社会民主党の準軍事組織、共和国防衛同盟と保守系の準軍事組織、護国団とが衝突し、防衛同盟側の二名が殺された。一九二七年四月一四日、証拠不十分により護国団被告の無罪判決が出た。その翌日、これに抗議する労働者の大きなデモが起き、司法会館が放火され焼失した。デモを鎮圧しようとする警官隊が発砲、一〇〇名近くの死者と一〇〇〇名を越える負傷者を出した。その結果、警視総監のショーバーは責任を厳しく問われた。

(97) マッティーアス・エルダッシュ Matthias Eldersch（一八六九―一九三一）：社会民主党の政治家。一九〇一―一一年、帝国議会議員。一九一九―二〇年、憲法制定国民議会議員、レンナー内閣の内務・教育相。一九一九―二三年、ウィーン市議会議員。一九二〇―三一年、国民議会議員、一九三〇―三一年、国民議会議長。

(98) ヴィルヘルム・ミクラス Wilhelm Miklas（一八七二―一九五六）：キリスト教社会党の政治家。郵便局員の子に生まれる。ウィーン大学で歴史と地理を学ぶ。一九〇五年より一九二二年までギムナージウム校長。キリスト教社会党に入党。一九〇七年より帝国議会議員。一九一八年より暫定国民議会、憲法制定国民議会、国民議会各議員を歴任（一九二八年まで）。レンナー内閣で内務・教育省次官（文化担当、一九一九―二〇年）。一九二三年より二八年まで国民議会議長。一九二八年より大統領（ナチス・ドイツによるオーストリア併合の一九三八年まで）。大統領在職中の立憲体制擁護に消極的だった態度は、強く批判される。

(99) ルードルフ・ラーメク Rudolf Ramek（一八八一―一九四一）：法律家、キリスト教社会党の政治家。一九〇七年、ウィーン大学で法学博士。一九一八年以降、ザルツブルク、ウィーンにて弁護士。一九一九―二〇年、憲法制定国民議会議員、レンナー内閣で法務大臣。一九二〇―三四年、国民議会議員。一九二四―二六年、首相。一九三〇―三三年、国民議会副議長（第二議長）。

（100）ゼップ・シュトラッフナー Sepp Straffner（一八七五―一九五二）：法律家、大ドイツ人民党の政治家、連邦鉄道官吏。一九一三年、法学博士。一九一九―二〇年、憲法制定国民議会議員。一九二〇―二三年および一九二七―三四年、国民議会議員。一九三〇―三三年、国民議会副議長（第三議長）。

（101）ルートヴィッヒ・シュトローブル Ludwig Strobl（一九〇〇―一九七四）：公務員、祖国戦線・国民党の政治家。一九三一年以降、下オーストリア州農業会議所で活動。一九三五―三六年、シューシュニク政権の農林大臣。

（102）ショーバー連合：一九三〇年、ヨハッネス・ショーバーが率いる大ドイツ人民党と土地同盟が結成した選挙連合。社会民主党、キリスト教社会党に次ぐ第三勢力となる。一九三四年、オーストロ・ファシズムの成立とともに、この連携は解消された。

（103）ロバート・ダッネベルク Robert Danneberg（一八八五―一九四二）：社会民主党の政治家。ユダヤ人家庭に生まれる。一九〇八年、ウィーン大学で法学博士。第一次世界大戦中、戦争支持の社会民主党指導部に反対する。一九一八―三四年、ウィーン市議会議員、一九二〇―三二年、同議長（一九二二年にウィーン市は州に昇格）。一九一九―二〇年、憲法制定国民議会議員、一九二〇―三四年、国民議会議員。ウィーンの住宅建設計画をはじめ、市政運営で指導的役割を果たす。一九三二年、ウィーン市の財政担当参事（州政府大臣に相当）就任。一九三四年二月の内乱後、逮捕され、九か月拘束。一九三八年のナチス・ドイツによるオーストリア併合に際して逮捕、強制収容所に送られる。一九四二年、アウシュヴィッツにて殺害される。

（104）パウル・リヒター Paul Richter（一八七七―一九五八）：彫金師、その後、一般労働者疾病扶助金庫の職員となる。一九一九―三四年、憲法制定国民議会議員、国民議会議員を歴任。一九二二―三四年、社会民主党ウィーン支部書記。一九二九―三四年、「自然の友」代表。一九三四年および四四年の二度逮捕・拘束。

(105) フランツ・ディッテルバッハ Franz Dittelbach（一八八三―一九四二）：社会民主党の政治家。一九〇五年、鉄道業務に従事。グログニッツで暮らし、労働組合活動・政治活動を行う。一九一九―三四年、グログニッツ町長。一九二二―三四年、下オーストリア州議会議員。一九三四年二月の内乱で勾留、州議会議員資格・市長職剥奪。一九三六年よりウィーンにて保険外交で生きる。

(106) ハインリッヒ・シュナイトマードル Heinrich Schneidmadl（一八八六―一九六五）：社会民主党の政治家。一九〇六年、下オーストリア地域疾病金庫職員。一九一九―二〇年、憲法制定国民議会議員。一九二〇―二七年、国民議会議員。一九二七―三四年、下オーストリア州政府メンバー。一九三八年、ナチス・ドイツによるオーストリア合邦（併合）に賛成表明。第二次世界大戦後、レンナー内閣・過渡期経済復興省次官。同時期、復刊された『労働者新聞』編集長就任。しかし、元ナチ党員に対する温和な処置を求めたため、二か月弱で編集長を降ろされる。

(107) 革命的社会主義者（RS）：一九三四年二月の武装闘争を機に社会民主党が禁止された後、主に若年の党員や社会民主党関係組織のメンバーにより形成された後継組織。「革命的社会主義者」と名乗った。社会民主党の「改良主義的幻想」と共産党に対抗する立場に立つ。当初、組織はウィーンに限られたが、徐々に他地域にも拡大した。指導者が次々と拘束された後、ヨーゼフ・ブッティンガーが地下組織として再編して率いる。一九三八年のドイツによる併合後、解散。ブッティンガーはベルギーへ逃れる。第二次世界大戦後、社会党が組織された際、副党名を「社会民主主義者と革命的社会主義者」としていたが、やがて外される。

(108) ブルーノ・クライスキー Bruno Kreisky（一九一一—九〇）：一九二六年より社会民主党で活動。一九三六年、革命的社会主義者の一員として逮捕、禁固一年を科される。一九三八年の亡命直前、ウィーン大学で法学博士号取得。一九三八年三月、スウェーデンへ亡命。第二次世界大戦後（一九四六年）、スウェーデンでオーストリア外交団に加わる。一九五一年、帰国。一九五三—五九年、ウィーン首相府で外交担当次官。この間（一九五四—五五年）、モスクワでの国家条約交渉団の一員。一九五六—八三年、国民議会議員。一九五九—六六年、外務大臣。一九六七—八三年、社会党党首。一九七〇—八三年、首相。オーストリアの近代化に努めるとともに、外交活動でオーストリアの地位を高める。一九八三年、政界から引退。

(109) ベルヒテスガーデン協定：一九三八年二月、ヒットラーの要求にシューシュニク（ドルフースの後継首相）が屈服した取り決めを指す。オーストリア政府へのナチス党員の受け入れ、逮捕されたナチス党員の釈放等が合意された。

(110) 墺独人民同盟：一九二五年、ヘルマン・ノイバッハーが創立。ドイツとの合邦を目指す超党派の大衆組織。政党を横断した数多くの政治家、団体（キリスト教社会党系の農民同盟、社会民主党系の労働組合等）が参加。

(111) ヘルマン・ノイバッハー Hermann Neubacher（一八九三—一九六〇）：一九二〇年より林業部門で働く。一九三三年より非合法のオーストリア・ナチス党員。一九三四年のナチス反乱（ドルフース殺害）で逮捕、勾留一年。ドイツによるオーストリア併合直後（一九三八年）からウィーン市長（一九四〇年まで）。一九四三年からはセルビアで全権代理を務める。一九五一年、旧ユーゴスラヴィアで二〇年の禁固刑判決。一九五二年、重病により釈放。

（112）ナチス党・ヒットラー運動：一九二六年、リヒャルト・ズーヘンヴィルトにより設立されたオーストリアの政党。ヒットラーに絶対服従を誓い、暴力的・非議会主義路線を取った。

（113）オレステ・ローゼンフェルト Oreste Rosenfeld（一八九一―一九六四）：ロシア生まれ。一五歳で政治活動を理由に高校より放校処分。一九一四年、軍隊志願。一九一七年、ロシア革命後のケレンスキー政権下でパリ駐在武官。ボリシェヴィキの政権獲得後、仏外人部隊に将校として身を投ずるとともに社会党入党。一九二七年、レオン・ブルムの力添えで『ポピュレール』紙の記者となる。一九三六年より編集長。（同年、仏国籍取得。）一九三九年、再び将校として従軍、一九四〇年、ドイツ軍の捕虜となり五年間拘束される。一九四五年よりジャーナリズム復帰。一九五六年、社会党のアルジェリア戦争方針をめぐって党指導部と対立。一九五八年、独立社会党設立者の一人となる。

（114）イヴォン・デルボス Yvon Delbos（一八八五―一九五六）：仏急進社会党の政治家。文部大臣（一九二五年）、法務大臣（一九三六年）を歴任し、一九三六―三八年、人民戦線内閣の外務大臣（ドイツによるオーストリア併合とともに辞任）。第二次世界大戦中はレジスタンスに参加、一九四三年、逮捕勾留（一九四五年まで）。戦後も閣僚の経歴を重ねる。

（115）クルト・シュシュニク Kurt Schuschnigg（一八九七―一九七七）：オーストロ・ファシズム体制の政治家、第一世界大戦に従軍。一九二二年、インスブルック大学で法学博士。弁護士としてインスブルックで働く。一九二七年、国民議会議員。一九三二年、ドルフース政権の法務大臣、一九三三年、教育大臣。一九三四年、ドルフース首相暗殺後、後継者となる。一九三八年三月一一日、ナチス・ドイツの圧力により首相辞任。翌日の三月一二日、ドイツ軍が進駐、オーストリア併合。シューシュニクはドイツ軍に拘束される。同年秋、強制収容所に送られる（優遇収容者）。一九四五年、米軍により解放。一九四八年、米国移住、一九五六年、米国籍取得。約二〇年間、セントルイス大学で政治学を講義。一九六七年、帰国。一九七七年、死去。

(116) テオドア・イニッツァ Theodor Innitzer（一八七五―一九五五）：大司教、枢機卿。工場労働者の家庭に生まれる。教会の支援によりウィーン大学で学ぶ。一九〇六年、神学博士、一九〇八年、教授資格取得。一九一一―三二年、ウィーン大学教授。一九二八―二九年、ウィーン大学学長。一九二九―三〇年、ショーバー内閣で社会大臣を務める。一九三二年、ウィーン大司教、一九三三年、枢機卿に任命される。一九三八年四月一〇日の合邦を巡る国民投票を前に、ナチスの強い圧力の下、賛成を表明。しかし、間もなく反ナチス路線に転換、ユダヤ人の逃亡を支援。

(117) ドナウ連合：フランスは伝統的に、ドナウ地域でのドイツの影響力を抑制すべく、オーストリア＝ハンガリー帝国の後継諸国による連合（連邦）を支持した。一九三〇年代初頭には、チェコ、ユーゴスラヴィア、ルーマニア、オーストリア、ハンガリーの統合構想を打ち出した。デルボスに対するレンナーの発言は、この構想に沿ったものと考えられる。

(118) 合邦条項：社会民主党リンツ綱領（一九二六年）のⅥ、国際関係の4で、ドイツとの合邦は、一九一八年国民革命の必然的な帰結である、と謳っていた。

(119) ルードルフ・ネック Rudolf Neck（一九二一—九九）：歴史家、アーキヴィスト。ウィーン大学で歴史を学び、一九四八年、哲学博士。一九四九—七五年、オーストリア国家文書館でアーキヴィストとして活動。一九七六—八〇年、一般行政文書館ディレクター。一九七九—八六年、オーストリア国家文書館館長。数多い著作の中心テーマは、労働運動史、現代史。一九六四年からは、リンツ会議（労働運動史家国際会議）事務局長を務めた。（東西冷戦下で、数少ない東西研究者の交流の場であった。）

(120) ルードルフ・ヘス Rudolf Heß（一八九四—一九八七）：ドイツの政治家。一九二〇年、ナチス党入党、一九三三年、総統代理となる。一九四一年、英独講和のためスコットランドに飛び、囚われる。一九四六年、ニュルンベルク裁判で終身刑の判決を受ける。一九八七年、ベルリンの刑務所にて自殺。

(121) オストマルク：ドイツによるオーストリア併合後の後者の呼称。直訳は東部辺境地域。

(122) 情けない幕間劇：ハンガリーとの和協からハプスブルク帝国崩壊までの歴史。

(123) アントン・ヴェーバー Anton Weber（一八七八—一九五〇）：社会民主党・社会党の政治家。機械工として青年時代、ヨーロッパを遍歴。一九一八年、社会民主党ウィーン・フロリッツドルフ支部長、ウィーン市議会議員となる。一九一八—二〇年、ウィーン市参事会メンバー。一九一九—二二年、憲法制定国民議会議員、国民議会議員を歴任。一九二二年、社会政策・住宅問題担当ウィーン市業務遂行参事として復帰。戦間期、「赤いウィーン」の住宅建設を担う。一九三四年二月の内乱で逮捕・勾留。一九四四年、ゲシュタポに一時逮捕される。一九四五—四六年、住宅建設参事としてウィーン市政に復帰。

(124) ハンス・スシャール Hans Suchard（一八九三―一九六八）：労働組合書記、社会民主党の政治家。建築指物師として働く。一九一九年、ハンガリー・レーテ共和国時代、ハンガリー西部で共産党員として活動。レーテ共和国崩壊後、オーストリアへ亡命。一九二一年よりブルゲンラント州の社会民主党で活動。一九二三―三四年、ブルゲンラント州議会議員。一九三四年二月の内乱後、逮捕勾留、議員資格喪失。一九四〇年からは税理士として働く。

(125) 司教団が出した声明：一九三八年三月二七日に発表されたオーストリア司教団の書簡を指す。四月一〇日に予定された合邦の国民投票について、カトリック教徒に対し賛成票を投ずるよう呼びかけた。

(126) フーゴー・ユーリ Hugo Jury（一八八七―一九四五）：オーストリの医師、ナチスの政治家。プラハ大学で医学を学び、一九一一年、医学博士。一九三二年、ナチス党入党。オーストロ・ファシズム下でナチスが禁止された時代も地下活動を続け、何度も逮捕される。一九三八年、親衛隊（SS）少佐。同年、下ドナウ大管区長に就任。一九四三年、SS大将にまで昇進。ドイツの敗戦とともに自殺。

(127) フランツ・ポップ Franz Popp（一八九一―一九八一）：農民の子に生まれ、教師養成講座を経て教師となる。第一次世界大戦後、教師を続けながら社会民主党の政治活動に参加。一九二一年、ホーエナウ市長（ウィーン北東の、チェコおよびスロヴァキアとの国境に接する町）。同年、下オーストリア州議会議員となる（一九三四年まで）。一九三四年、逮捕、教師解雇。一九四五―六〇年、下オーストリア州副知事。州政府で教育・文化行政を担当。

（128）ヴォルフガング・パウカー Wolfgang Pauker（一八六七―一九五〇）：神学者、美術史家。一八八六年、クロースターノイブルク修道院に入る。一八九一年、司祭叙階。ウィーン大学で美術史を学ぶ。一八九六年、哲学博士。一九一八―二四年、ウィーン工芸学校講師。美術史の著作等、著書多数。ホフマンスタール、レンナー等と交流。

（129）エルンスト・コーレフ Ernst Koref（一八九一―一九八八）：一九一四年、ウィーン大学で哲学博士。すぐさま第一次世界大戦従軍、東部戦線で捕虜となるも逃亡に成功。一九一八年、社会民主党入党。一九一九―二二年、教師。一九二七―三四年、リンツ市議会議員。一九三〇―三四年、国民議会議員。一九三四年および四四年の二度逮捕。一九四五―五八年、国民議会議員。一九四五―六二年、リンツ市長。一九四五年の戦後第一回全州会議では、調停者として会議の纏めに奔走。

（130）ラインハルト・マッホルト Reinhard Machold（一八七九―一九六一）：社会民主党・社会党の政治家。職業は印刷工。労働運動に深くかかわり、故郷シレジアを去ることを余儀なくされる。ウィーンを経てグラーツに至り、大学印刷局で働く。一九一一年、グラーツ市議会議員、一九一二―一四年、グラーツ市参事。一九一九年よりシュタイアマルク州議会議員・州政府メンバー（保健担当）。一九二五―三〇年、社会民主党シュタイアマルク州委員長。一九三〇年、州副知事。一九三四年二月、すべての職から解任される。同年一〇月まで拘束。一九四四年、再度ナチスにより逮捕される。一九四五年、暫定州政府を立ち上げ、知事就任（同年末まで）。

（131）カール・グレットラー Karl Grettler（一九一〇―九〇）：経歴不詳。一九六五―七二年、グログニッツ市長を務める。

(132) クラウス・フォン・シュタウフェンベルク Claus von Stauffenberg（一九〇七―四四）：貴族出身のドイツ軍人（最終階級は参謀大佐）。一九四四年七月二〇日、東プロイセンの総統大本営で時限爆弾によるヒットラー暗殺を試みたが、失敗。翌日、逮捕・銃殺。

(133) フョードル・イヴァノヴィチ・トルブーヒン Fyodor Ivanovich Tolbukhin（一八九四―一九四九）：ソ連の軍人、元帥。一九一八年、赤軍入隊。一九三八年、共産党入党。一九四四年、元帥昇進。一九四四年五月―四五年六月、第三ウクライナ方面軍を指揮、ルーマニア、ブルガリア、ユーゴスラヴィア、ハンガリー、オーストリアをナチス・ドイツから解放。

(134) 赤軍：第二次世界大戦終結までのソ連軍の呼称。

(135) エルンスト・フィッシャー Ernst Fischer（一八九九―一九七二）：作家、共産党の政治家。第一次世界大戦中はイタリア戦線へ。一九一八年、兵士評議会に選出され、政治家としての経歴を始める。一九二〇年より社会民主党員。ジャーナリストとして、シュタイアマルク州で党新聞のために働く。一九二七年よりウィーンに移り、党機関紙『労働者新聞』文芸欄担当（一九三四年まで）。一九三一―三四年、党内左派に所属。一九三四年の内乱後（四月）、共産党に移る。一九三四年、プラハに亡命（一九三九年以降、モスクワへ）、一九三五年、コミンテルン（共産主義インターナショナル）のオーストリア共産党代表。一九三八―四三年、コミンテルン機関誌『共産主義インターナショナル』を編集する。この間、スターリンによる政敵粛清をソ連統一のためとして正当化。一九四四年、オーストリア共産党は他の政治勢力（カトリックや市民勢力を含めた）と共闘する用意ありと声明。一九四五年四月、オーストリアに帰還。共産党中央委員（一九六九年まで）。一九四五年、レンナー暫定政府の文化・教育担当大臣就任。一九四五―五九年、国民議会議員。一九六八年、「プラハの春」のソ連による弾圧を「戦車共産主義」として厳しく批判、一九六九年、共産党から除名される。

(136) ヨシフ・ヴィッサリオノヴィチ・スターリン Iosif Vissarionovich Stalin（一八七八―一九五三）：ソ連の政治家。若くして職業革命家となり、非合法活動を行う。一九一三年、民族問題研究のため、短期ウィーンに滞在した折、レンナーを紹介される（面識を得た程度）。一九一七年、一〇月革命を主導した共産党中央委員の一人。一九二二年、共産党書記長就任。レーニン死後（一九二四年）、権力基盤を固め、政敵を追い落として独裁体制を築く。一九三四年からは「大粛清」で反対派を摘発し、追放・処刑する。第二次世界大戦でソ連軍最高総司令官として戦争指揮、進攻したドイツ軍を押し返し、ベルリンを陥落させて連合国の勝利に貢献。死後の一九五六年、スターリン批判が行われる。

(137) 報告が……総司令部に到着した：第三ウクライナ方面軍は、「軍」、その下部の「軍団」、「師団」より成る。レンナー生存の報は、レンナーが接触した師団の地方司令部から順次組織を遡って、モスクワのスターリンの元へ届けられた。

(138) フェルディナント・ケース Ferdinand Käs（一九一四―八八）：職業軍人（最終階級は陸軍曹長）。第二次世界大戦中、軍の抵抗グループに参加。戦争の最終局面でウィーンを最小限の破壊に留め、進攻してくるソ連軍に明け渡そうという「ラデツキー作戦」に加わる。一九四五年四月、ソ連軍（第三ウクライナ方面軍総司令部）との接触に成功。戦後、地方警察隊で働く。一九六二年、ウィーン大学で哲学博士。その後、地方警察隊、内務省勤務。

(139) アレクセイ・S・ジェルトフ Aleksej S. Želtov：経歴不詳。ソ連軍大将、第三ウクライナ方面軍の政治将校トップ。一九四五年九月―一九五〇年七月、オーストリアに設けられた連合国理事会ソ連代表代理を務める。

（140）カール・ヴァルトブルナー Karl Waldbrunner（一九〇六―八〇）：社会党の政治家。ウィーン工科大学で電気工学を学ぶ。大不況下、国内で就職が困難であったため、モスクワに移住、一九三七年まで技師として働く。同年、オーストリアに帰国。一九四五―七一年、国民議会議員。一九四九―六二年、国有化企業担当大臣。一九六二―七一年、国民議会副議長、その後議長（一九七〇―七一）。一九七一―八〇年、オーストリア国立銀行副総裁。

（141）軍事情勢：いまだドイツは降伏せず、各所で戦闘は続いていた。

（142）ウラジーミル・イリイチ・レーニン Vladimir Iliich Lenin（一八七〇―一九二四）：ロシアの革命家、政治家。一九〇三年、ロシア社会民主労働党ボリシェヴィキ（多数派）のリーダーとなる。一九〇五年革命後、スイスへ亡命。一九一七年四月、帰国、一〇月革命を主導。ソヴィエト政権を樹立、人民委員会議議長に選出される。レンナーとは一九一七年夏、ストックホルム社会主義平和会議で会う。

（143）レフ・ダヴィードヴィチ・トロツキー Lev Davidovich Trotsky（一八七九―一九四〇）：ロシアの革命家。一九〇五年革命後、流刑・亡命。ウィーンには一九〇七年より一四年まで滞在。この間、バウアー、レンナー、ヒルファーディング等のオーストロ・マルクス主義者と交流。レンナーについて回想録『わが生涯』で、「有能なハプスブルクの官僚」風とコメントしている。一九一七年、レーニンとともにロシア一〇月革命を主導。レーニン死後、スターリンと対立。一九二九年、国外追放。各地を転々とした後、一九四〇年、スターリンの放った刺客にメキシコで暗殺される。

(144) ヨシップ・ブロズ・チトー Josip Broz Tito (一八九二―一九八〇):旧ユーゴスラヴィアの軍人・政治家。一九二〇年、ユーゴスラヴィア共産党入党。一九四一―四五年、パルチザン部隊を率いてナチス・ドイツと戦う。一九四五―五三年、首相・国防相。一九四八年、スターリンと対立、自主管理社会主義路線を進める。一九五三年、旧ユーゴスラヴィア大統領就任、一九六三年、終身大統領に選出される。

(145) ヨーゼフ・コルマン Josef Kollmann (一八六八―一九五一):キリスト教社会党の政治家。一九一九―三八年、バーデン市長。一九一九―二〇年、憲法制定国民議会議員、一九二〇―三四年、国民議会議員。一九二六年、財務大臣。コルマンは、ドルフースの職能身分代表制国家に反対。ナチスは一九四〇年、コルマンを職権乱用の罪状で起訴したが、有罪に持ち込めなかった。

(146) 護国団:右派の準軍事組織。第一次世界大戦後、地域の秩序維持のため自警団的役割を果たすとともに、国境防衛のため、外国軍隊の進攻に抵抗した。後に反マルクス主義を標榜し、社会民主党系の準軍事組織(共和国防衛同盟)と衝突。一九三〇年代に入ると、政治化して議会進出を果たし、保守連立政権にも参加した。しかし、組織的・イデオロギー的統一は見られず、ナチスとの勢力争いに敗れて衰退。シューシュニク政権により解体される。

(147) レオ・ヘルツル Leo Hölzl:経歴不詳。第二次世界大戦中、旧ユーゴスラヴィアで組織されたオーストリア人部隊設立者の一人。一九四五年四月、ソ連軍からレンナー探索を依頼される。

(148) ヨハン・コプレニヒ Johann Koplenig (一八九一―一九六八):製靴工、共産党の政治家。一九〇九年より社会民主党員。一九一四年、第一次世界大戦で召集され、東部戦線へ。同年一一月、ロシア軍の捕虜に。一九一八年、ソ連共産党入党。一九二〇年夏、オーストリアへ帰還。一九二四年、オーストリア共産党中央委員会書記。一九三四年の内乱後、ドルフース政権により市民権を剥奪され、プラハに亡命、非合法活動を組織。一九三八年、パリへ亡命、さらに一九三九年、モスクワへ亡命。一九四五年四月、ウィーンに帰還。一九四五—六五年、共産党党首。レンナー内閣で無任所相。一九四五—五九年、国民議会議員。旧ユーゴスラヴィア（チトー）のモスクワ（スターリン）からの離反を機に一九四八年以降、共産党はモスクワ派（コプレニヒ他）とチトー派（エルンスト・フィッシャーを中心とするユーゴスラヴィア支持者）に分裂していく。

(149) テオドア・ケルナー Thodor Körner（一八七三—一九五七）：オーストリアの将軍、社会民主党・社会党の政治家。工兵士官学校に学び、一八九四年、少尉任官、一九〇四年、大尉、同年、参謀本部入り。一九一〇年、少佐。第一次世界大戦ではイタリア戦線で指揮。一九二四年、オーストリア軍を将軍で退役。同年、社会民主党入党、共和国防衛同盟顧問。一九三四年二月の内乱で逮捕、同年末釈放。一九四四年、ヒットラー暗殺未遂後、再度逮捕される。一九四五—五一年、ウィーン市長。一九五一—五七年、レンナーの後継大統領（選挙で選ばれた戦後初の大統領）。

(150) 抵抗運動O5（オー・フュンフ）：オーストリアにおいて、党派に属さない反ナチス抵抗グループのうち、政治的に最も重要なグループ。戦争末期、保守勢力が形成した。社会民主党、共産党の抵抗グループや軍隊内の抵抗グループとも接触を保つ。カール・グルーバーが率いたティロールの抵抗グループはO5と共闘して、一九四五年五月三日、連合軍の到着前にインスブルックをナチスから解放した。O5の5はアルファベットの五番目の文字、Eを示し、OEでドイツ語のオーストリアの最初の文字:Öを指す。オーストリアという国名はナチス支配時代に禁じられていたので、このO5は抵抗の象徴となる。

(151) アレクセイ・V・ブラゴダートフ Alexej V. Blagodatov：経歴不詳。ソ連軍中将、一九四五年四月—一〇月、ソ連軍ウィーン司令官。

(152) 土地同盟 Landbund: 一九一九年、ドイツ農民党として設立、農民主体の政党。ドイツとの合邦に賛成し、反マルクス主義、職能身分代表制国家賛成を標榜。一九二七—三三年、政権に参加。一九三〇年より大ドイツ人民党と選挙協力（一九三四年、協力解消）。第二次世界大戦後は国民党に合流。

(153) 閣僚会議 Kabinettsrat：一九四五年五月一日の「暫定憲法」第一〇条に「政治的閣僚会議」として規定される。政治的意味を持つ原則的案件はすべて、首相と無任所大臣で構成する政治的閣僚会議で協議する、とされた。

(154) レオ・シュテルン Leo Stern（一九〇一—八二）：共産党の政治家、旧ドイツ民主共和国（旧東ドイツ）の歴史家。ブコヴィナ・チェルノヴィッツ近郊に生まれる。一九二一年、ウィーン大学入学。同年、社会民主党入党。一九二三年、オーストリア国籍取得。一九二五年、ウィーン大学で政治学博士。一九二五—三二年、マックス・アードラーの助手を務める。この時期、エルンスト・フィッシャーと同じく、社会民主党左派に属した。やがてマックス・アードラーと決裂。一九三三年、共産党入党。一九三四年二月の内乱に参加・逮捕、五か月間拘束。釈放後、非合法活動を行う。一九三五年、チェコへ亡命、一九三六年、さらにソ連へ亡命。一九三七—三八年、スペイン市民戦争に参加する。一九三九年、ソ連に帰還。一九四〇年、教授資格取得。一九四一年、赤軍に志願。一九四四年、第三ウクライナ方面軍の一員としてウィーン攻略戦に参加。レンナーに会ったシュテルンは、レンナーの政府首班復帰に反対するが、最終的には上司の命に従う。一九四五年、除隊。社会党と共産党の合同を強く望むが、他の共産党幹部（エルンスト・フィッシャー等）の反対に遭う。ウィーン大学、ウィーン世界貿易大学で講義。一九五〇年、旧東ドイツ、ハレ・ヴィッテンベルク大学に移る。近現代史・労働運動史教授（一九六六年まで）。党籍を旧東独の社会主義統一党に移す。一九五二年、旧東独国籍取得。一九五三―五九年、ハレ・ヴィッテンベルク大学学長。その後も数々の学術団体の役職を歴任。

（155）パウル・シュパイザー Paul Speiser（一八七七―一九四七）：社会民主党の政治家。教師養成所を修了して一八九六年、教師となる。カール・ザイツを取り巻く社会民主党所属の教師たちと知り合う。一九〇一年、鉄道員傷害保険に職を得る。一九一八年、社会民主党中央書記となる。一九一八―三四年、ウィーン市議会議員。一九二〇―三四年、ウィーン市参事（人事担当）。一九三四年の内乱に際して逮捕、一九四四年、重病にもかかわらず、再度ナチスにより逮捕される。一九四五―四七年、再びウィーン市議会議員、市参事、副市長（市有企業担当、さらにその後、人事担当）。

（156）フランツ・ホナー Franz Honner（一八九三―一九六四）：共産党の政治家。ザルツブルク州の鉱山で働く。一九一一年、社会民主党入党。第一次世界大戦に従軍。一九二〇年、共産党入党。一九二七年、共産党中央委員となる。一九三五年、非合法活動のため逮捕、一九三六年、禁固四か月の判決。逃亡し、プラハを経てモスクワに亡命。一九三七―三八年、スペイン市民戦争で戦う。パリ、スイス等を経て一九四〇年、モスクワに戻る。第二次世界大戦の最後二年は、旧ユーゴスラヴィアでオーストリア人部隊を養成。一九四五年、オーストリアに帰還。一九四五―五九年、国民議会議員。レンナー暫定政権の内務相（一九四五年末まで）。一九四六―六四年、共産党中央委員、政治局員（主に労働組合担当）。

(157) ゲオルギ・I・ピテルスキ Georgij I. Piterskij：経歴不詳。ソ連軍大佐、政治将校。第三ウクライナ方面軍政治部第七部門長（住民宣撫担当）。

(158) ヴィルフリート・アイヒンガー Wilfried Aichinger：経歴不詳。一九七七年、ウィーン大学に博士論文「ソ連のオーストリア政策一九四三―四五」を提出。

(159) レオポルト・フィグル Leopold Figl（一九〇二―六五）：一九二七年、農業専門学校卒。同年、下オーストリア州農民同盟秘書、一九三一年、同副議長、一九三三年、同議長。一九三四―三八年、職能身分代表制国家の連邦経済評議会メンバー。一九三七年、全国農民同盟議長。一九三八年三月、ナチスのオーストリア併合に際して逮捕、一九三八―四三年、各地の強制収容所に収容される。一九三八年、禁句の「オーストリア」を口にしたため、二五回のむち打ち刑と半年の暗室禁固刑を受ける。一九四三年、釈放。一九四四年、再度、反逆罪で逮捕され死刑囚となるも、ソ連軍の進攻により救われる。一九四五年、国民党創立者の一人となり、一九四五―五二年、国民党党首。一九四五年、レンナー暫定内閣で無任所相。一九四五―六五年、国民議会議員。一九四五―五三年、首相。一九五三年、社会党に妥協しすぎるという党内批判のため辞任を余儀なくされる。一九五三―五九年、外務大臣。一九五五年、戦勝四か国（米、英、仏、ソ連）との国家条約に調印（オーストリアは独立する）。一九五九―六二年、国民議会議長。一九六二―六五年、下オーストリア州知事。

(160) ハインリッヒ・グライスナー Heinrich Gleißner（一八九三―一九八四）：法律家、国民党の政治家。一九二〇年、インスブルック大学で法学博士。上オーストリア州政府で働く。一九三〇年、上オーストリア州農業会議所ディレクター、一九三三―三四年、農林省次官。一九三四―三八年、上オーストリア州知事。一九三八年、ナチス・ドイツによるオーストリア併合とともに知事解任、逮捕。一九三九―四〇年、各地の強制収容所に収容され、続いてベルリンに強制居住させられる。第二次世界大戦後（一九四五―七一）、再度、上オーストリア州知事。一九五一年、国民党の大統領候補として出馬するも、社会党候補のテオドア・ケルナーに敗れる。州知事として農業州を工業立地州に変容させた。

(161) ヴィリ・フォルスト Willi Forst（一九〇三―八〇）：本名、ヴィルヘルム・アントン・フロース。オーストリアの俳優、映画監督、歌手。劇場俳優・映画俳優として活動。一九二八年、マックス・ラインハルトのドイツ劇場に加わる。映画監督としては、作曲家シューバートの伝記映画、「未完成交響曲」でデビュー。一九三八年のドイツによるオーストリア併合後、ナチスに招かれたが、応ずることなく政治的関与を避けた。一九五七年、「ウィーン、わが夢の街」の制作後、映画監督引退。

(162) ヨーゼフ・T・ジーモン Joseph T. Simon（一九一二―七六）：著者の死後、家族が出版した著書『証言者　あるオーストリア社会主義者の回想　とても個人的な現代史』（一九七九年、再版二〇〇八年）を残した。自ら経験した戦後オーストリア社会のルポルタージュになっている。著者は、亡命先の米国軍隊の一員としてオーストリアに帰還。戦後、国有化された企業で働きながら、そこで見たものは、元ナチス党員たちの復活と、それに密かに手を貸す国民党、社会党だった。オーストリア戦後史の美化と神話化に抗する直接の証言の書である。

(163)ルートヴィヒ・アダモヴィチ Ludwig Adamovich(一八九〇―一九五五):オーストリアの法学者、判事、政治家。一九一三年、ウィーン大学で両法(教会法と市民法)博士。一九二四年、教授資格取得。プラハ大学教授(一九二七年)、グラーツ大学教授(一九二八年)、ウィーン大学教授(一九三四年以降)。職能身分代表制国家では国家評議会のメンバー。一九三八年、シューシュニク内閣の法務大臣。ナチス・ドイツによるオーストリア併合後、教授職から追われる(いっさいの就業禁止)。一九四五―四七年、ウィーン大学学長。一九四五年、レンナー暫定政権の憲法問題顧問。一九四六―五五年、憲法裁判所長官。

(164)暫定憲法:正式名称は「オーストリア共和国暫定設立のための憲法法 Verfassungsgesetz」(一九四五年五月一日に遡り、同年五月一三日施行)。国家統治は当面、ウィーンから統一的に行うこと、州知事とウィーン市長[知事と同等]は暫定政府が任命すること、一九二九年憲法に定められた、連邦と州の権限である立法は、当面暫定政府が行使すること、連邦大統領の事項は、政治閣僚会議が取り扱うこと、歴史的諸州の再建を行うこと等が規定されていた。

(165)ルードルフ・ブッヒンガー Rudolf Buchinger(一八七九―一九五〇):農業経営者、キリスト教社会党・国民党の政治家。一九一九―二〇年、憲法制定国民議会議員、一九二〇―三〇年、国民議会議員。一九二二―二六年、ザイペル内閣の農林大臣。一九三四年より連邦経済評議会メンバー、一九三六年より国家評議会メンバー。一九三八年、ナチスによるオーストリア併合時に逮捕、すべての役職から追放される。一九四四年、再度逮捕。一九四五年、レンナー暫定内閣の農林大臣。

（166）エルンスト・レンベルガー Ernst Lemberger（一九〇六—七四）：一九三四年の内乱に参加。フランスへ逃れ、炭鉱で働く傍ら、ジャン・ランベールの名でレジスタンスに加わる。一九四四—四五年、暫定オーストリア国民委員会の在外代表を務める。戦後、社会党に入党。後の首相、ブルーノ・クライスキーを亡命先のスウェーデンに迎えに出かける。クライスキーは、この時、すぐに帰国しなかったが、レンベルガーを信頼。レンベルガーは外交官となり、ワシントン、ブリュッセル、パリ駐在大使を務めた。

（167）フランツ・ラウシャー Franz Rauscher（一九〇〇—八八）：オーストリア社会党の政治家。一九一九年、連邦鉄道の職員として就職。労働組合運動に参加、一九二六年には社会民主党の労働者大学を立ち上げる。一九二〇年代終わりに下オーストリア州で共和国防衛同盟を組織。社会民主党禁圧後、地下に潜る。一九三四年、逮捕、一九三六年、禁固一〇か月の判決。一九三八年、再度逮捕、強制収容所に送られる。一九四五年、ポーランド・マイダネクの強制収容所でソ連軍に救出される。第二次世界大戦後、社会党創立に加わる。一九四五—四七年、公有財産管理部局の次官を務める。一九四五—四九年、国民議会議員。

（168）ルーマニアやブルガリアの経験：両国に進攻したソ連軍が、それぞれの国で共産化を推し進めたことを指す。

（169）マーク・ウェイン・クラーク Mark Wayne Clark（一八九六—一九八四）：米国の軍人、陸軍大将。第二次世界大戦中、イタリアで連合軍を指揮。戦後、米オーストリア占領軍最高司令官。一九四五年九月—四六年一二月、連合国理事会米国代表。一九五二—五三年、朝鮮戦争で国連軍を指揮。

(170) ヘレンガッセのリュトリ：一二九一年、スイスのリュトリで行われた暴君打倒の誓約に因む。ヘレンガッセは、全州会議が開催された下オーストリア州庁舎のあった通りの名である。

(171) カール・グルーバー Karl Gruber（一九〇九―九五）：政治的には社会民主党に傾倒する家庭に生まれる。しかし、ウィーンで学生生活を送るうち、キリスト教社会党陣営に移る。一九三五年よりカトリック学生団体に所属。一九三八年、ドイツによるオーストリア併合後、ゲシュタポの逮捕を免れ、ベルリンへの逃亡に成功。第二次世界大戦中、電気技師としてベルリンで働くとともに、対ナチス抵抗組織で活動。戦争末期、オーストリアに戻り、一九四五年初頭からティロールの抵抗運動を率いる。連合国軍到着前にインスブルックをナチスから解放することに成功。一九四五年、ティロール州暫定知事就任。またオーストリア西部諸州代表としてレンナー暫定内閣に入閣（外交担当首相府次官、一九四五年末まで）。一九四五―五四年、国民議会議員。一九四五年末より外務大臣、しかし、一九五三年、国民党の党内対立から辞任。大使としてワシントン、マドリッド、ボン、ベルンに駐在。一九六六―六九年、首相府次官。

(172) ゲラルト・シュトウルツ Gerald Stourzh（一九二九―）：オーストリアの歴史家（北米史、オーストリア史、政治思想史）。一九五一年、ウィーン大学で哲学博士。一九五一―五八年、米国滞在、この間、『ベンジャミン・フランクリンと米国外交政策』（一九五四年）を発表。この著作は一九六二年、ウィーン大学での教授資格取得論文となる。一九五八年、ウィーンに戻る。一九六三―六九年、ベルリン自由大学教授（米国史を中心とする近代史）、一九六九―九七年、ウィーン大学教授（近代史、主にハプスブルク帝国の民族問題、一九五五年の国家条約を研究）。その他主要著書は、『アレクサンダー・ハミルトンと共和政府の思想』（一九七〇年）、『オーストリア国家条約小史』（一九七五年）、『オーストリアの憲法・行政における民族間の同権　一八四八―一九一八』（一九八五年）。

（173）ヴァルター・ヴォーダク Walter Wodak（一九〇八―七四）：外交官。一九三三年、ウィーン大学で法学博士。一九三四年以降、非合法共産党員として地下活動。一九三八年、仏へ、さらに一九三九年、英国へ亡命。英国在住オーストリア共産主義者と独ソ不可侵条約（一九三九年）を巡って論争後、社会民主主義陣営（オーストリア労働クラブ）に移る。一九四〇年、英国陸軍に志願、一九四五年、オーストリア駐留。一九四五年一一月、社会民主主義者のリエゾン要員としてロンドンに戻る。一九四六年、除隊、社会党入党、オーストリア外務省入省。一九四六―五〇年、ロンドン勤務。その他、大使としてベオグラード、モスクワに駐在。

（174）イヴァン・ステパノヴィチ・コーネフ Ivan Stepanovich Konev（一八九七―一九七三）：ソ連軍人、元帥。第一次世界大戦中、帝政ロシア軍に従軍、一〇月革命後の一九一八年、赤軍に参加するとともに共産党入党。一九四三―四五年、第二ウクライナ方面軍、続いて第一ウクライナ方面軍を指揮。一九四四年、元帥昇進。ベルリン攻防戦に参加。一九四五年九月―四六年四月、オーストリアに設けられた連合国理事会ソ連代表を務める。一九五五―六〇年、ワルシャワ条約機構軍司令官。一九五六年、ハンガリー反ソ運動鎮圧を指揮。

（175）リチャード・マクリーリー Richard McCreery（一八九八―一九六七）：英軍人、中将（一九四九年、大将昇進）。第二次世界大戦中は仏、北アフリカと転戦した後、一九四四年、英第八軍司令官となり、イタリア戦線で戦う。戦後、英オーストリア占領軍司令官となり、一九四五年九月―四六年四月、オーストリアに設立された連合国理事会の英代表も務める。一九四九年、退役。

(176) アンドレアス・コルプ Andreas Korp（一八九七—一九八三）：社会民主党・社会党の政治家。一九一九年より協同組合活動に参加。一九三三年より、オーストリア消費協同組合共同購入会社理事会メンバー。一九四五年、レンナー暫定内閣の食糧管理大臣。一九五二—五三年、内務省の食糧管理・価格担当次官。一九五六—七二年、オーストリア国立銀行副総裁。

(177) ソ連によるドイツ資産接収の危険：一九四五年八月の米・英・ソ三国によるポツダム宣言は、「ドイツ在外資産」（通称、ドイツ資産）を賠償支払いに充当すること、オーストリアについては、東部のドイツ資産をソ連の賠償に、その他の地域のものをソ連以外の連合国の賠償に充当することとした。ソ連はすでにオーストリア占領直後から、下オーストリア州の油田、精油所等のドイツ資産の接収を開始していた。

(178) ヴィルヘルム・クラスタスキー Wilhelm Krastersky（一八八〇—一九六一）：大統領府次官。一九〇三年、ウィーン大学で法学博士。一九〇九—一八年、商務省勤務。一九一九年、大統領府構築の任に当たる。一九二〇—三四年、大統領府官房長、一九三四—三六年、次官。一九三八年のナチス・ドイツによる併合後、予防検束。一九三九年の釈放後、枢機卿テオドア・イニッツァのもとで働く。一九四五—五三年、再び大統領府次官を務める。

(179) カール・R・シュタッドラー Karl R. Stadler（一九一三—八七）：すでに中等学校時代に労働運動に加わる。一九三四—三八年、ドルフース・シュッシュニク政権への抵抗運動を行う。ナチス・ドイツによるオーストリア併合後、英国へ亡命。オーストリア社会主義者ロンドン事務所と協働。同地で勉学修了、一九四六年よりノッティンガム大学で現代史を教える。一九六八年、リンツ大学近現代史研究所に招聘される（一九八三年まで現代史教授）。リンツのルートヴィッヒ・ボルツマン労働運動史研究所を設立し、所長に就任。労働運動史家国際会議（ＩＴＨ）事務局長代理も務める。一九七三年、レンナー研究所初代所長。

（180）ゲオルギウス聖人：四世紀のキリスト教の殉教者、ドラゴン退治で知られる。

（181）フランツ・フェルディナント Franz Ferdinand（一八六三―一九一四）：オーストリアの大公、一八九八年より皇位継承者。サラエヴォでの暗殺が、第一次世界大戦の引き金となる。

（182）エルネスト・フォン・ケルバー Ernest von Koerber（一八五〇―一九一九）：オーストリア＝ハンガリー帝国の指導的政治家で二度首相を務める（一九〇〇―〇四年および一九一六年一〇月―同年一二月）。二〇世紀最初の政権で相対的に安定した「ケルバーの平和」を達成した。帝国が解体した一九一九年三月に死去。

（183）フランツ・ヨーゼフ Franz Joseph（一八三〇―一九一六）：オーストリア皇帝・ハンガリー国王。一八歳で皇帝即位。一八六六年、対プロイセン戦争に敗北。一八六七年、ハンガリーと妥協（アウスグライヒ）して、帝国をオーストリア帝国とハンガリー王国に分割し、共通の外務大臣、財務大臣と陸相・軍隊を有しながら、ハンガリーに大幅な自立性を与えた。しかし、帝国内の民族対立を解決できなかった。皇位継承者、フランツ・フェルディナントの暗殺をきっかけにセルビアに宣戦布告。結果として第一次世界大戦の引き金を引いた。大戦中の一九一六年、八六歳で死去。

（184）ハインリッヒ・カール・マリア・フォン・クラム＝マルティニック Heinrich Karl Maria von Clam-

Martinic（一八六三―一九三二）：伯爵、政治家。皇位継承者フランツ・フェルディナントの腹心の一人。第一次世界大戦中（一九一四―一六年）は、ロシア戦線、イタリア戦線で老兵部隊指揮官を務める。その後（一九一六年）、ケルバー内閣で短期、農相、一九一六―一七年の六か月間、首相。首相辞任後、モンテネグロの軍政官を歴任。

（185）アントン・ヘーファー Anton Höfer（一八七一―一九四九）：軍人、陸軍少将。一九一七―一八年、食糧管理大臣。

（186）ヨッシ・フニュアディ Joszi Hunyadi：経歴不詳。伯爵、皇帝カール一世の執事長。皇帝の最後の地、ポルトガル領マデイラまで同行。

（187）アレクサンダー・フォン・クローバティン Alexander von Krobatin（一八四九―一九三三）：軍人、元帥。一九一二―一七年、陸軍大臣。一九一八年、退役。

（188）ハロルド・アレグザンダー Harold Alexander（一八九一―一九六九）：英国軍人。第一次、第二次両世界大戦に従軍。第二次世界大戦の最終局面では、元帥・連合国軍地中海作戦戦域最高司令官。一九四六―五二年、カナダ総督。一九五二―五四年、国防大臣。

訳者あとがき

これまで日本におけるカール・レンナーの伝記的紹介は多くないうえ、一般読者の目に触れる機会は少なかったと思われる。列挙してみよう。

一、カール・レンナー（加藤正男 訳）『私法制度の社会的機能［改訳版］』（法律文化社）、加藤氏による法学の観点からの解説中、伝記部分は「1 レンナーの人と時代」二三七―二三八頁。

二、矢田俊隆『オーストリア現代史の教訓』（刀水書房）、「第六章　カール・レンナーとオーストリア現代史――一九四五年を中心に――」一三三―二一七頁。第二次世界大戦後一九四五年のレンナーの活動に焦点が当てられたものであるが、それでももっとも包括的な紹介と思われる。

三、倉田稔「レンナー」、丸山敬一（編）『民族問題　現代のアポリア』（ナカニシヤ）所収、一二五―一五〇頁。レンナー民族論が紹介される（一三六―一四一頁）。略歴は一二七頁。

四、カール・レンナー（太田仁樹 訳）『諸民族の自決権――特にオーストリアへの適用――』

（御茶の水書房）、太田氏による民族問題の観点からの解説参照。伝記的部分は「カール・レンナーの生涯」三四一—四二頁。

本書は、カール・レンナー（一八七〇—一九五〇年）の八〇年にわたる生涯を、その時々にオーストリアが直面した問題と、それに対するレンナーの対応とに言及しながら記述している。コンパクトであるが、包括的な伝記である。しかも、かつての伝記で意識的に避けられた事柄にも言及している。ひとつは、レンナーが一九三八年の終わりに、ズデーテンドイツ人問題を扱った冊子で、ヒットラーとムッソリーニがミュンヘン協定で挙げた成果を高く評価したことである。いまひとつは、いまだ解釈の定まらないレンナーの「合邦」賛成である（ヒットラー・ドイツによるオーストリア併合の賛否を問う、一九三八年四月一〇日の国民投票を前に、レンナーが『新ウィーン日報』で支持を表明した。この悪評高いインタビューと、その動機について）。また付録3および4の、「同志」スターリンに宛てた書簡の資料的価値も小さくないであろう。

ヨーロッパの指折りの強国に数えられたオーストリア＝ハンガリー帝国の時代、また、多くの者が存続を確信できなかった第一次共和国、ヒットラー・ドイツに併合されてオーストリア自体が消滅した時代、さらに第二次世界大戦が終わり、連合国に占領された時代。本書が、こうしたいくつもの時代と闘い、潜り抜けたカール・レンナーという人物に読者が注目する手がかりになればと願う。訳者の若いころに、奨学金という形でウィーンでの勉学の機会を与えてくれたオーストリアの人々に感謝する。また、困難な状況の中で出版をご支援くださった成文社の南里功氏にも感謝申し上げたい。

なお、著者ジークフリート・ナスコ氏は、一九四三年、グラーツの生まれ。パン職人資格試験合格後、方向転換。ウィーン大学でドイツ文学、歴史を学ぶ（哲学博士）。一九七一年、下オーストリア州の州都ザンクト・ペルテン市庁に勤める。市庁の広報官、広報・観光・国際局長（二〇〇四年まで）。一九八四―二〇〇三年、ザンクト・ペルテン市議会議員。二〇〇三―〇五年、下オーストリア州の州議会議員も務める。この間、多数の現代史展覧会を企画。また、グログニッツに「レンナー博物館」を設立して館長を務める。著書多数（テーマは、ザンクト・ペルテン市史、労働運動、カール・レンナー等）。一九九五年、「教授」の職業タイトルを授けられる。二〇一四年、学術文化への貢献に対し、オーストリア学術文化十字勲章が授与される。なお、一九八七年には、ザンクト・ペルテン市の姉妹都市・倉敷訪問のために来日している。

ポーランド
クラクフ〔クラカウ〕
アウシュヴィッツ
リヴォフ〔レンベルク〕
ウクライナ
スロヴァキア
ハンガリー
ブダペスト
ドナウ川
モハーチ
ルーマニア
ベオグラード
ブカレスト
ドナウ川
サラエヴォ
新ユーゴスラヴィア
ソフィア
ブルガリア

現代のオーストリアと中欧
ドイツ
ライプツィヒ
ドレスデン
ライン川
フランクフルト
フラデツ・クラーロヴェ
〔ケーニヒグレーツ〕
プラハ
チェコ
レーゲンスブルク
ストラスブール
〔シュトラースブルク〕
ブルノ
〔ブリュン〕
ウルム
パッサウ
下部オーストリア
ボーデン湖
アウクスブルク
イン川
リンツ
フォアアルルベルク
ミュンヘン
上部オーストリア
ザンクト・ペルテン
ウィーン
ザルツブルク
フェルトキルヒ
グログニッツ
チューリヒ
ベルン
スイス
シュタイアマルク
ブルゲンラント
インスブルック
ザルツブルク
リヒテンシュタイン
グラーツ
ティロル
ケルンテン
クラーゲンフルト
トレント
〔トリエント〕
スロヴェニア
リュブリャーナ
〔ライバハ〕
ミラノ
ヴェネツィア
トリエステ
〔トリエスト〕
ザグレブ
〔アグラム〕
トリノ
ヴェロナ
リエーカ
〔フィウーメ〕
クロアチア
ジェノヴァ
ラヴェンナ
ボスニ
ヘルツ
フィレンツェ
地中海
アドリア海
イタリア

ロシア帝国
ヴロツラフ
〔ブレスラウ〕
シレジア
クラクフ〔クラカウ〕
アウシュヴィッツ
リヴォフ〔レンベルク〕
ガリシア・ロドメリア
オロモウツ
〔オルミュッツ〕
ドゥナヨヴィツェ
タノヴィッツ〕
クロフ
コルスブルク〕
スロヴァキア
ラティスラヴァ
〔プレスブルク〕
ブコヴィナ
ハンガリー
ブダペスト
ドナウ川
トランシルヴァニア
モハーチ
スラヴォニア
バナート
カルロヴィッツ
ルーマニア王国
ブカレスト
ベオグラード
パッサロヴィッツ
ドナウ川
サラエヴォ
セルビア王国
ヘルツェゴヴィナ
ドゥブロヴニク
〔ラグーザ〕
ソフィア
ブルガリア王国

20世紀初頭のハプスブルク帝国と中欧
ドイツ帝国
ライプツィヒ
ドレスデン
ザクセン
ライン川
フランクフルト
アルザス〔エルザス〕
ストラスブール〔シュトラースブルク〕
フラデツ・クラーロヴェ〔ケーニヒグレーツ〕
プラハ
ボヘミア
モラヴィア
ブルノ〔ブリュン〕
レーゲンスブルク
ウルム
バイエルン
パッサウ
下部オーストリア
アウクスブルク
イン川
リンツ
ボーデン湖
フォアアルルベルク
ミュンヘン
上部オーストリア
ザンクト・ペルテン
ウィーン
ザルツブルク
グログニッツ
フェルトキルヒ
チューリヒ
ベルン
スイス
シュタイアマルク
インスブルック
ザルツブルク
グラーツ
ティロル
ケルンテン
クラーゲンフルト
トレント〔トリエント〕
リュブリャーナ〔ライバハ〕
ヴェネト〔ヴェネシア〕
カルニオラ〔クライン〕
ロンバルジア
ミラノ
ヴェネツィア
トリエステ〔トリエスト〕
ザグレブ〔アグラム〕
トリノ
ヴェロナ
サルデーニャ
イストリア
リエーカ〔フィウーメ〕
クロアチア
パルマ
ジェノヴァ
モデナ
ラヴェンナ
ボスニア
フィレンツェ
地中海
トスカーナ
ダルマチア
アドリア海
イタリア王国

索　引

あ行

か行

さ行

た行

な行

は行

ま行

や行

ら行

訳者紹介

青山孝徳（あおやま・たかのり）

1949 年生まれ。1980 年名古屋大学大学院経済学研究科博士課程（後期課程）単位取得により退学。名古屋大学経済学部助手を経て、1983 年より独・米・日企業勤務。2014 年よりフリー。

主要論文：「オーストリア社会化とオットー・バウアー」（『経済科学』vol.29 no.1 1981）、「オーストリア国有化」（『市民社会の思想』御茶の水書房 1983 所収）

翻訳：リチャード・リケット『オーストリアの歴史』（成文社 1995）、オットー・バウアー「資本主義の世界像」（『未来』未来社 2013 年 2 月号－ 4 月号 所収）

カール・レンナー 1870-1950

2015 年 11 月 25 日　初版第 1 刷発行

訳　者　青 山 孝 徳
装幀者　山 田 英 春
発行者　南 里　 功

発行所　成　文　社

〒 240-0003 横浜市保土ヶ谷区天王町 2-42-2
電話 045 (332) 6515
振替 00110-5-363630
http://www.seibunsha.net/

組版　編集工房 dos.
印刷・製本　モリモト印刷

落丁・乱丁はお取替えします

Printed in Japan

ISBN978-4-86520-013-3 C0023

歴史

R・リケット著　青山孝徳訳

オーストリアの歴史

四六判上製
208頁
1942円
978-4-915730-12-2

中欧の核であり、それゆえに幾多の民族の葛藤、類のない統治を経てきたオーストリア。そのケルト人たちが居住した古代から、ハプスブルク帝国の勃興、繁栄、終焉、そして一次、二次共和国を経て現代までを描いた、今まで日本に類書がなかった通史。　1995

歴史

H・バラージュ・エーヴァ著　渡邊昭子、岩崎周一訳

ハプスブルクとハンガリー

四六判上製
416頁
4000円
978-4-915730-39-9

中央ヨーロッパに巨大な版図を誇ったハプスブルク君主国。本書は、その啓蒙絶対主義期について、幅広い見地から詳細かつ精緻に叙述する。君主国内最大の領域を有し、王国という地位を保ち続けたハンガリーから眺めることで、より生き生きと具体的にその実像を描く。　2003

歴史

亀田真澄著

国家建設のイコノグラフィー

ソ連とユーゴの五カ年計画プロパガンダ

A5判上製
184頁
2200円
978-4-86520-004-1

ユーゴスラヴィア第一次五カ年計画のプロパガンダは、ソ連の第一次・第二次五カ年計画とはいかに異なる想像力のうえになされていたのか。それぞれのメディアで創りだされる視覚表象を通し、国家が国民をどのようにデザインしていったのかを解明していく。　2014

歴史・思想

T・G・マサリク著　石川達夫訳

ロシアとヨーロッパⅠ

ロシアにおける精神潮流の研究

A5判上製
376頁
4800円
978-4-915730-34-4

第1部「ロシアの歴史哲学と宗教哲学の諸問題」では、ロシア精神を理解するために、ロシア国家の起源から第一次革命に至るまでのロシア史を概観する。第2部「ロシアの歴史哲学と宗教哲学の概略」では、チャアダーエフからゲルツェンまでの思想家たちを検討する。　2002

歴史・思想

T・G・マサリク著　石川達夫・長與進訳

ロシアとヨーロッパⅡ

ロシアにおける精神潮流の研究

A5判上製
512頁
6900円
978-4-915730-35-1

第2部「ロシアの歴史哲学と宗教哲学の概略」（続き）では、バクーニンからミハイローフスキーまでの思想家、反動家、新しい思想潮流を検討。第3部第1編「神権政治対民主主義」では、西欧哲学と比較したロシア哲学の特徴を析出し、ロシアの歴史哲学的分析を行う。　2004

歴史・思想

T・G・マサリク著　石川達夫・長與進訳

ロシアとヨーロッパⅢ

ロシアにおける精神潮流の研究

A5判上製
480頁
6400円
978-4-915730-36-8

第3部第2編「神をめぐる闘い。ドストエフスキー」は、本書全体の核となるドストエフスキー論であり、ドストエフスキーの思想を批判的に分析する。第3編「巨人主義かヒューマニズムか。プーシキンからゴーリキーへ」では、ドストエフスキー以外の作家たちを論じる。　2005

価格は全て本体価格です。

SEIBUNSHA

出版案内
2015

「郡司大尉千嶋占守嶋遠征隅田川出艇之実況」小国政画、明治 26 年（神長英輔著『北洋の誕生』カバーより）

成文社

〒 240-0003　横浜市保土ヶ谷区天王町 2-42-2

Tel. 045-332-6515　Fax. 045-336-2064　URL http://www.seibunsha.net/

価格はすべて本体価格です。末尾が◎の書籍は電子媒体（PDF）となります。

歴史

栗生沢猛夫著

『ロシア原初年代記』を読む

キエフ・ルーシとヨーロッパ、あるいは「ロシアとヨーロッパ」についての覚書 978-4-86520-011-9

A5判上製貼函入 1056頁 16000円

キエフ・ルーシの歴史は、スカンディナヴィアからギリシアに至る南北の道を中心として描かれてきた。本書は従来見過ごされがちであった西方ヨーロッパとの関係（東西の道）に重点をおいて見直し、ロシアがヨーロッパの一員として歴史的歩みを始めたことを示していく。 2015

歴史

R・G・スクルィンニコフ著 栗生沢猛夫訳

イヴァン雷帝

978-4-915730-07-8

四六判上製 400頁 3690円

テロルは権力の弱さから発し一度始められた強制と暴力の支配はやがて権力の統制から外れそれ自体の論理で動きだす——イヴァン雷帝とその時代は、今日のロシアを知るうえでも貴重な示唆を与え続ける。朝日、読売、日経、産経など各紙誌絶賛のロングセラー。 1994

歴史

長縄光男著

評伝ゲルツェン

978-4-915730-88-7

A5判上製 560頁 6800円

トム・ストッパード「コースト・オブ・ユートピア」の主人公の本邦初の本格的評伝。十九世紀半ばという世界史の転換期に「人間の自由と尊厳」の旗印を掲げ、ロシアとヨーロッパを駆け抜けたロシア最大の知識人の壮絶な生涯を鮮烈に描く。 2012

歴史

O・N・デニー著 岡本隆司校訂・訳註

清韓論

東北アジア文献研究叢刊 4

978-4-915730-79-5

B5判上製 104頁 3000円

十九世紀末葉に朝鮮国王の顧問官だった著者によって書かれた本書は、清朝と朝鮮の関係ばかりでなく、近代東北アジア史の重大な一局面を伝え、その後の日本、ロシアの動向などを考えても示唆的である。厳密な校訂を経た英文テキストと訳文、詳細な註釈を付す。 2010

歴史

大野哲弥著

国際通信史でみる明治日本

978-4-915730-95-5

A5判上製 304頁 3400円

明治初頭の国際海底ケーブルの敷設状況、それを利用した岩倉使節団と留守政府の交信、台湾出兵時の交信、樺太千島交換交渉に関わる日露間の交信、また日露戦争時の新技術無線電信の利用状況等の史実を明らかにしつつ、政治、外交、経済の面から、明治の日本を見直す。 2012

歴史

D・B・パヴロフ、S・A・ペトロフ著 I・V・チェレヴァンコ史料編纂 左近毅訳

日露戦争の秘密

ロシア側史料で明るみに出た諜報戦の内幕

978-4-915730-08-5

四六判上製 388頁 3690円

大諜報の主役、明石元二郎を追尾していたロシア側スパイ。ロシア満州軍司令部諜報機関の赤裸々な戦時公式報告書。軍事密偵、横川省三、沖禎介の翻訳されていた日記。九十年を経て初めてロシアで公開された史料が満載された「驚くべき書」（立花隆氏）。 1994

歴史

松村正義著

日露戦争一〇〇年

新しい発見を求めて

四六判上製
256頁
2000円
978-4-915730-40-5

日露戦争から一〇〇年を経て、ようやく明らかにされてきた真実を紹介する。講和会議を巡る日露および周辺諸国の虚々実々の駆け引き。前世紀末になって開放された中国、ロシアの戦跡訪問で分かった事。歴史的遺産を丹念に発掘し、改めて日露戦争の現代的意義を問う。 2003

歴史

松山大学編

マツヤマの記憶

日露戦争一〇〇年とロシア兵捕虜

四六判上製
240頁
2000円
978-4-915730-45-0

マツヤマ！ そう叫んで投降するロシア兵がいたという。国際法を遵守して近代国家を目指した日本。実際に捕虜を迎えた市民たち。捕虜受け入れの実相、国内の他の収容所との比較、日露の収容所比較、ロシア側からの視点などを包摂して、その実態を新たに検証する。 2004

歴史

日露戦争研究会編

日露戦争研究の新視点

A5判上製
544頁
6000円
978-4-915730-49-8

戦争に大きく関わっていた欧米列強。戦場となった朝鮮半島と中国。戦いの影響を受けざるをえなかったアジア諸国。当事国であった日露、とくにロシア側の実態を明らかにするとともに、従来の研究に欠けていた新たな視角と方法を駆使して百年前の戦争の実相に迫る。 2005

歴史

松村正義著

日露戦争と日本在外公館の“外国新聞操縦”

A5判上製
328頁
3800円
978-4-915730-82-5

極東の小国日本が大国ロシアに勝利するために採った外交手段のひとつが“外国新聞操縦”であった。現在では使われなくなったこの用語の内実に迫り、戦争を限定戦争として世界大戦化させないため、世界中の日本の在外公館で行われた広報外交の実相に迫る。 2010

歴史

土屋好古著

「帝国」の黄昏、未完の「国民」

日露戦争・第一次革命とロシアの社会

A5判上製
352頁
6000円
978-4-915730-93-1

日露戦争がロシアに問いかけたもの――それは、「帝国」という存在の困難と「国民」形成という課題であった。日露戦争を「長い一九世紀」という歴史的文脈の中に位置づけて、自由主義者たちの「下から」の国民形成の模索と第一次革命の意味を論じる。 2012

歴史

E・J・ディロン著　成田富夫訳

ロシアの失墜

届かなかった一知識人の声

A5判上製
512頁
6000円
978-4-86520-006-5

十九世紀半ば、アイルランドに生まれた著者は、ロシアへと深く入り込んでいく。ウィッテの側近にもなっていた彼は、帝政ロシアの崩壊に直面。ロシアが生まれ変わろうとするとき、それはロシア民衆にとって幸せなことか、未知なるものへの懐疑と願望を吐露していく。 2014

歴史

神長英輔著

「北洋」の誕生
場と人と物語

A5判上製
280頁
3500円
978-4-86520-008-9

北洋とは何か、北洋漁業とは何か。19世紀半ば以降のその通史（＝場）を概観し、そこに関わった人物たちの生涯（＝人）を辿りながら、北洋（漁業）の歴史の語り方そのもの（＝物語）を問うていく。いまなお形を変えながら語り継がれている物語に迫る。2014

歴史

太田丈太郎著

「ロシア・モダニズム」を生きる
日本とロシア、コトバとヒトのネットワーク

A5判上製
424頁
5000円
978-4-86520-009-6

一九〇〇年代から三〇年代まで、日本とロシアで交わされた、そのネットワークに迫る。個々のヒトの、作品やコトバの関わり、その彩りゆたかなネットワーク。それらを本邦初公開の資料を使って鮮やかに蘇らせる。掘り起こされる日露交流新史。2014

歴史

N・ヴィシネフスキー著　小山内道子訳

トナカイ王
北方先住民のサハリン史

四六判上製
224頁
2000円
978-4-915730-52-8

サハリン・ポロナイスク（敷香）の先住民集落「オタス」で「トナカイ王」と呼ばれたヤクート人ドミートリー・ヴィノクーロフ。かれは故郷ヤクーチア（現・サハ共和国）の独立に向け、日本の支援を求めて活動した。戦前、日本とソ連に翻弄された北方先住民たちの貴重な記録。2006

歴史・文学

リディア・ヤーストレボヴァ著／小山内道子訳

始まったのは大連だった
リュドミーラの恋の物語

四六判上製
240頁
2000円
978-4-915730-91-7

大連で白系ロシア人の裕福な家庭に育ったミーラ。日本降伏後に進攻してきたソ連軍の将校サーシャ。その出会い、別離、そして永い時を経ての再会。物語は、日本人の知らなかった満州、オーストラリア、ソ連を舞台に繰り広げられる。2012

歴史

沢田和彦著

日露交流都市物語

A5判上製
424頁
4200円
978-4-86520-003-4

江戸時代から昭和時代前半までの日露交流史上の事象と人物を取り上げ、関係する都市別に紹介。国内外の基本文献はもとより、日本正教会機関誌の記事、外事警察の記録、各地の郷土資料、ロシア語雑誌の記事、全国・地方紙の記事を利用し、多くの新事実を発掘していく。2014

歴史

沢田和彦著

白系ロシア人と日本文化

A5判上製
392頁
3800円
978-4-915730-58-0

ロシア革命後に故国を離れた人びとの多くは自国の風俗、習慣を保持しつつ、長い年月をかけて世界各地に定着、同化、それぞれの国や地域の政治・経済・文化の領域において多様な貢献をなしてきた。日本にやってきたかれらが残した足跡を精緻に検証する。2007 ◎

歴史

ニコライ堂遺聞

長縄光男著

四六判上製
416頁
3800円
978-4-915730-57-3

明治という新しい時代の息吹を胸に、その時代の形成に何ほどかの寄与をなさんとした人々。祖国を離れ新生日本の誕生に己の人生をかけたロシア人たちと、その姿に胸打たれ後を追った日本人たち。ニコライ堂に集った人々の栄光、挫折、そして再生が描かれる。 2007

歴史

白系ロシア人とニッポン

ポダルコ・ピョートル著

A5判上製
224頁
2400円
978-4-915730-81-8

来日した外国人のなかで、ロシア人が最も多かった時代があった。一九一七年の十月革命後に革命軍に抗して戦い、敗れて亡命した白系ロシア人たちだ。ソ連時代には顧みられなかった彼らを、日露関係史を専門とするロシア人研究者が入念に掘り起こして紹介する。 2010

歴史

満洲の中のロシア

境界の流動性と人的ネットワーク

生田美智子編

A5判上製
304頁
3400円
978-4-915730-92-4

満洲は、白系ロシアとソヴィエトロシアが拮抗して共存する世界でも類を見ない空間であった。本書は、その空間における境界の流動性や人的ネットワークに着目、生き残りをかけたダイナミズムを持つものとして、様々な角度から照射していく。 2012

歴史

ロシア革命史

R・パイプス著　西山克典訳

A5判上製
446頁
5000円
978-4-915730-25-2

秘匿されていたレーニン文書の閲読、革命の対象としてのより広い時間の枠組、対象内容の広汎さ——。20世紀末葉にして初めて駆使できる資料と方法とで描かれる一大叙事詩。革命とは？　それが作り上げた体制とは？　求められ反芻される問いへの導きの書。 2000

歴史・思想

ボリス・ブルツクスの生涯と思想

民衆の自由主義を求めて

森岡真史著

A5判上製
456頁
4400円
978-4-915730-94-8

ソ連社会主義の同時代における透徹した批判者ボリス・ブルツクスの本邦初の本格的研究。ブルツクスがネップ下のロシアで、また国外追放後に亡命地で展開したソヴェト経済の分析と批判の全体像を、民衆に根ざした独自の自由主義経済思想とともに明らかにする。 2012

歴史

在外ロシア正教会の成立

移民のための教会から亡命教会へ

近藤喜重郎著

A5判上製
280頁
3200円
978-4-915730-83-2

革命によって離散を余儀なくされたロシア正教会の信徒たち。国内外で起きたさまざまな出来事が正教会の分裂と統合を促していく。その歴史を辿るなかで、在外ロシア正教会の指導者たちがいかにして信徒たちを統率しようとしていったのかを追う。 2010

歴史

クレムリンの子どもたち

V・クラスコーワ編　太田正一訳

A5判上製　446頁　5000円　978-4-915730-24-5

「子どもたちこそ輝く未来！」――だが、この国の未来はそら恐ろしいものになってしまった。秘密警察長官ジェルジーンスキイから大統領ゴルバチョフまで、歴代の赤い貴族の子どもたちを通して、その「家族の記録」すなわち「悲劇に満ちたソ連邦史」を描き尽くす。　1998

歴史

スターリンとイヴァン雷帝

スターリン時代のロシアにおけるイヴァン雷帝崇拝

モーリーン・ペリー著　栗生沢猛夫訳

四六判上製　432頁　4200円　978-4-915730-71-9

国家建設と防衛、圧制とテロル。矛盾に満ちたイヴァン雷帝の評価は、その時代の民衆と為政者によって、微妙に、そして大胆に変容を迫られてきた。スターリン時代に、その跡を辿る。国家、歴史、そしてロシアを考えるうえで、示唆に満ちた一冊。　2009

歴史

さまざまな生の断片

ソ連強制収容所の20年

J・ロッシ著　外川継男訳　内村剛介解題

四六判上製　208頁　1942円　978-4-915730-16-0

フランスに生まれ、若くしてコミュニストとなり、スパイ容疑でソ連で逮捕。以降二十四年の歳月を収容所で送った著者が、その経験した出来事を赤裸々に、淡々と述べた好編。スターリン獄の実態、そしてソ連邦とは何だったのかを考えるうえでも示唆的な書。　1996◎

歴史・思想

サビタの花

ロシア史における私の歩み

外川継男著

四六判上製　416頁　3800円　978-4-915730-62-7

若き日にロシア史研究を志した著者は、まずアメリカ、そしてフランスに留学。ロシアのみならずさまざまな地域を訪問することで、ロシア・ソ連邦史、日露関係史に関する独自の考えを形成していく。訪れた地域、文明、文化、そして接した人びとの姿が生き生きと描かれる。　2007

歴史

日本領樺太・千島からソ連領サハリン州へ

一九四五年―一九四七年

エレーナ・サヴェーリエヴァ著　小山内道子訳　サハリン・樺太史研究会監修

A5判上製　192頁　2200円　978-4-86520-014-0

日本領樺太・千島がソ連領サハリン州へ移行する過程は、ソ連時代には半ばタブーであった。公文書館に保存されていた「極秘」文書が一九九二年に公開され、ようやくその全容が知られることになる。民政局によって指導された混乱の一年半を各方面において再現、検証する。　2015

歴史

異郷に生きる

来日ロシア人の足跡

長縄光男、沢田和彦編

A5判上製
274頁
2800円
978-4-915730-29-0

日本にやって来たロシア人たち――その消息の多くは知られていない。かれらは、文学、思想、芸術の分野だけでなく、日常生活の次元において、いかなる痕跡をとどめているのか。数奇な運命を辿った人びとの足跡を追うとともに、かれらが見た日本を浮かび上がらせる。　2001

歴史

異郷に生きるII

来日ロシア人の足跡

中村喜和、長縄光男、長與進編

A5判上製
274頁
2800円
978-4-915730-38-2

数奇な運命を辿ったロシアの人びとの足跡。それは、時代に翻弄されながらも、人としてしたたかに、そして豊かに生きた記録でもある。日本とロシアの草の根における人と人との交流の跡を辿ることで、異郷としての日本をも浮かび上がらせる。好評の第二弾――　2003 ◎

歴史

遥かなり、わが故郷

異郷に生きるIII

中村喜和、安井亮平、長縄光男、長與進編

A5判上製
294頁
3000円
978-4-915730-48-1

鎖国時代の日本にやってきたロシアの人や文化。開国後に赴任したペテルブルクで榎本武揚が見たもの。大陸や半島、島嶼で出会うことになる日露の人々と文化の交流。日本とロシアのあいだで交わされた跡を辿ることで、日露交流を多面的に描き出す、好評の第三弾――　2005

歴史

異郷に生きるIV

来日ロシア人の足跡

中村喜和、長縄光男、ポダルコ・ピョートル編

A5判上製
250頁
2600円
978-4-915730-69-6

ポーランド、東シベリア、ウラジヴォストーク、北朝鮮、南米、北米。ロシア、函館、東京、ソ連、そしてキューバ。時代に翻弄され、数奇な運命を辿ることになったロシアの人びと。さまざまな地域、時代における日露交流の記録を掘り起こして好評のシリーズ第四弾――　2008

歴史

異郷に生きるV

来日ロシア人の足跡

中村喜和、長縄光男、ポダルコ・ピョートル編

A5判上製
368頁
3600円
978-4-915730-80-1

幕末の開港とともにやって来て発展したロシア正教会。日露戦争、日露協商、ロシア革命、大陸での日ソの対峙、そして戦後。その間にも多様な形で続けられてきた交流の歴史。さまざまな地域、時期における日露交流の記録を掘り起こして好評のシリーズ第五弾――　2010

歴史

オーストリアの歴史

R・リケット著　青山孝徳訳

四六判並製　208頁　1942円

978-4-915730-12-2

中欧の核であり、それゆえに幾多の民族の葛藤、類のない統治を経てきたオーストリア。そのケルト人たちが居住した古代から、ハプスブルク帝国の勃興、繁栄、終焉、そして一次、二次共和国を経て現代までを描いた、今まで日本に類書がなかった通史。　1995

歴史

ハプスブルクとハンガリー

H・バラージュ・エーヴァ著　渡邊昭子、岩崎周一訳

四六判上製　416頁　4000円

978-4-915730-39-9

中央ヨーロッパに巨大な版図を誇ったハプスブルク君主国。本書は、その啓蒙絶対主義期について、幅広い見地から詳細かつ精緻に叙述する。君主国内最大の領域を有し、王国という地位を保ち続けたハンガリーから眺めることで、より生き生きと具体的にその実像を描く。　2003

歴史

統制経済と食糧問題

第一次大戦期におけるポズナン市食糧政策

松家仁著

A5判上製　304頁　3200円

978-4-915730-32-0

十八世紀末葉のポーランド分割でドイツに併合されたポズナン。本書は、第一次大戦下、そこで行われた戦時統制経済を具体的に描き出し、分析していく。そこには、民族、階級の問題など、それ以降の統制経済に付き纏うさまざまな負の遺産の萌芽がある――。　2001

歴史

国家建設のイコノグラフィー

ソ連とユーゴの五カ年計画プロパガンダ

亀田真澄著

A5判上製　184頁　2200円

978-4-86520-004-1

ユーゴスラヴィア第一次五カ年計画のプロパガンダは、ソ連の第一次・第二次五カ年計画とはいかに異なる想像力のうえになされていたのか。それぞれのメディアで創りだされる視覚表象を通し、国家が国民をどのようにデザインしていったのかを解明していく。　2014

歴史

カール・レンナー

1870―1950

ジークフリート・ナスコ著　青山孝徳訳

四六判上製　208頁　2000円

978-4-86520-013-3

オーストリア＝ハンガリー帝国に生まれ、両大戦間には労働運動、政治の場で生き、そして大戦後のオーストリアを国父として率いたレンナー。本書は、その八〇年にわたる生涯を、その時々に国家が直面した問題と、それに対するかれの対応とに言及しながら記述していく。　2015

歴史

彗星と飛行機と幻の祖国と

ミラン・ラスチスラウ・シチェファーニクの生涯

ヤーン・ユリーチェク著　長與進訳

A5判上製　336頁　4000円

978-4-86520-012-6

スロヴァキアの小さな村に生まれ、天文学の道へ。パリ―アルプス―南米―タヒチと世界を巡り、第一次大戦時にはフランス軍でパイロットとして活躍。そして、マサリク、ベネシュとともにチェコスロヴァキア建国に専念していく。その数奇な生涯をたどる。　2015

社会思想

黒滝正昭著

私の社会思想史

マルクス、ゴットシャルヒ、宇野弘蔵等との学問的対話

A5判上製
488頁
4800円
978-4-915730-75-7

「初期マルクス」の思想形成過程から入って、宇野弘蔵、ヒルファーディング等現代社会思想の森林の迷路を旅する。服部文男・ゴットシャルヒの導きで学問的対話の域に達した著者四十五年間の、研究の軌跡と問いかけ。　2009

歴史・思想

小沼堅司著

ユートピアの鎖

全体主義の歴史経験

四六判上製
296頁
2500円
978-4-915730-41-2

マルクス＝レーニン主義のドグマと「万世一党」支配の下で起っていた多くの悲劇。本書は、スターリンとその後の体制がもったメカニズムを明らかにするとともに、ドストエフスキー、ジイド、オーウェルなどいち早くそこに潜む悲劇性を看取した人びとの思想を紹介する。　2003

歴史・思想

A・シュタイン著　倉田稔訳

ヒルファディング伝

ナチズムとボルシェヴィズムに抗して

B6変並製
112頁
1200円
978-4-915730-00-9

名著『金融資本論』の著者としてだけでなく、社会民主主義を実践し大戦間の大蔵大臣を務めるなど党指導者・政治家として幅広く活躍したヒルファディング。ナチズムによる非業の死で終った彼の生涯を、個人的な思い出とともに盟友が鮮やかに描き尽くす。　1988

歴史・思想

倉田稔著

マルクス『資本論』ドイツ語初版

B6判変形
36頁
300円
978-4-915730-18-4

小樽商科大学図書館には、世界でも珍しいリーナ・シェーラー宛マルクス自署献呈本がある。この本が、シェーラーに献呈された経緯と背景、また日本の図書館に入って来ることになった数奇な経緯をエピソードとともに辿る。不朽の名著に関する簡便な説明を付す。　1997

歴史

倉田稔著

ハプスブルク・オーストリア・ウィーン

四六判上製
192頁
1500円
978-4-915730-31-3

中央ヨーロッパに永らく君臨したハプスブルク帝国。その居城であったウィーンは、いまでも多くの文化遺産を遺した、歴史に彩られた都である。その地に3年居住した著者が、歴史にとどまらず、多方面から独自の視点でオーストリア、ウィーンを描きだす。　2001

歴史・思想

倉田稔著

ルードルフ・ヒルファディング研究

四六判上製
240頁
2400円
978-4-915730-85-6

二十世紀前半の激動の時代に、ヒルファディングは初めマルクスに従いながら創造的な研究をし、そしてマルクスを超える視点を見出した。『金融資本論』の著者は、新しい現実をユニークに分析し、とりわけナチズムとソ連体制を冷静に観察し、批判した人物でもある。　2011

歴史・思想

倉田稔著

ヨーロッパ　社会思想　小樽

私のなかの歴史

四六判上製
256頁
2000円
978-4-915730-99-3

学問への目覚めから、ヨーロッパを中心とする社会思想史、そして小林多喜二論、日本社会論へと続く、著者の学問的足跡をたどる。『北海道新聞』に連載された記事（2011年）に大きく加筆して再構成。また、留学したヨーロッパでの経験を、著者独自の眼差しで描く。　2013

歴史・思想

倉田稔著

マルクス主義

四六判並製
160頁
1200円
978-4-86520-002-7

マルクス主義とは何か。その成り立ちから発展、変遷を、歴史上の思想、人物、事象を浮き彫りにしながら辿る。かつ、現代の世界情勢について、マルクス主義の視座から、グローバルにそして歴史を踏まえつつ分け入っていく。今日的課題を考えるときの一つの大きな視点。　2014

歴史・思想

N・K・ミハイロフスキー著　石川郁男訳

進歩とは何か

A5判上製
256頁
4854円
978-4-915730-06-1

個人を神聖不可侵とし、個人と人民を労働を媒介として結び付け、社会主義を「共同体的原理による個人的原理の勝利」とする。この思想の出発点が本書でありナロードニキ主義の古典である。その本邦初訳に加え、訳者「生涯と著作」所収。待望の本格的研究。　1994

歴史・思想

高野雅之著

ロシア「保守反動」の美学

レオンチエフの生涯と思想

四六判上製
240頁
2400円
978-4-915730-60-3

十九世紀ロシアの特異な人物であり、今日のロシアでブームを呼び起こしているレオンチエフの波乱にみちた生涯を追う。そして思想家としてのかれのなかに、すなわちその政論と歴史哲学のなかに、「美こそすべての基準」という独自の美学的世界観を跡づけていく。　2007

歴史・思想

浜由樹子著

ユーラシア主義とは何か

四六判上製
304頁
3000円
978-4-915730-78-8

ロシアはヨーロッパでもアジアでもないユーラシアである。ソ連邦崩壊後にロシア内外で注目を集めたこの主張は、一九二〇年代のロシア人亡命者の中から生まれた思想潮流に源を発している。その歴史的起源を解明し、戦間期国際関係史の中への位置づけを図る。　2010

歴史・思想

デイヴィド・シンメルペンニンク＝ファン＝デル＝オイェ著／浜由樹子訳

ロシアのオリエンタリズム

ロシアのアジア・イメージ、ピョートル大帝から亡命者まで

A5判上製
352頁
4000円
978-4-86520-000-3

敵か味方か、危険か運命か、他者か自己か。ロシアにとってアジアとは。他のヨーロッパ人よりもはるかに東方に通じていたロシア人が、オリエントをいかに多様な色相で眺めてきたかを検証。ユーラシア史、さらには世界史を考えようとする人には必読の書（杉山正明氏）。　2013

歴史・思想

ロシア社会思想史 上巻

インテリゲンツィヤによる個人主義のための闘い

イヴァーノフ＝ラズームニク著／佐野努・佐野洋子訳

A5判上製
616頁
7400円
978-4-915730-97-9

ロシア社会思想史はインテリゲンツィヤによる人格と人間の解放運動史である。ラヂーシェフ、デカブリストから、西欧主義とスラヴ主義を総合してロシア社会主義を創始するゲルツェンを経て、革命的民主主義者チェルヌイシェフスキーへとその旗は受け継がれていく。　２０１３

歴史・思想

ロシア社会思想史 下巻

インテリゲンツィヤによる個人主義のための闘い

イヴァーノフ＝ラズームニク著／佐野努・佐野洋子訳

A5判上製
584頁
7000円
978-4-915730-98-6

人間人格の解放をめざす個人主義のための闘い。倫理的個人主義を高唱したトルストイとドストエフスキー、社会学的個人主義を論証したミハイローフスキー。「大なる社会性」と「絶対なる個人主義」の結合というロシア社会主義の尊い遺訓は次世代の者へと託される。　２０１３

歴史・思想

ロシアとヨーロッパⅠ

ロシアにおける精神潮流の研究

T・G・マサリク著　石川達夫訳

A5判上製
376頁
4800円
978-4-915730-34-4

第1部「ロシアの歴史哲学と宗教哲学の諸問題」では、ロシア精神を理解するために、ロシア国家の起源から第一次革命に至るまでのロシア史を概観する。第2部「ロシアの歴史哲学と宗教哲学の概略」では、チャアダーエフからゲルツェンまでの思想家たちを検討する。　２００２

歴史・思想

ロシアとヨーロッパⅡ

ロシアにおける精神潮流の研究

T・G・マサリク著　石川達夫・長與進訳

A5判上製
512頁
6900円
978-4-915730-35-1

第2部「ロシアの歴史哲学と宗教哲学の概略」（続き）では、バクーニンからミハイローフスキーまでの思想家、反動家、新しい思想潮流を検討。第3部第1編「神権政治対民主主義」では、西欧哲学と比較したロシア哲学の特徴を析出し、ロシアの歴史哲学的分析を行う。　２００４

歴史・思想

ロシアとヨーロッパⅢ

ロシアにおける精神潮流の研究

T・G・マサリク著　石川達夫・長與進訳

A5判上製
480頁
6400円
978-4-915730-36-8

第3部第2編「神をめぐる闘い。ドストエフスキー」は、本書全体の核となるドストエフスキー論であり、ドストエフスキーの思想を批判的に分析する。第3編「巨人主義かヒューマニズムか。プーシキンからゴーリキーへ」では、ドストエフスキー以外の作家たちを論じる。　２００５

歴史・思想

神話学序説

表現・存在・生活をめぐる哲学

A・F・ローセフ著　大須賀史和訳

四六判上製
322頁
3000円
978-4-915730-54-2

スターリン体制が確立しようとする一九二〇年代後半、ソ連に現れた哲学の巨人ローセフ。革命前「銀の時代」の精神をバックグラウンドに、ギリシア哲学、ロシア正教、宗教哲学、西欧哲学に通暁した著者が、革命の時代に抗いながら提起した哲学的構想の一つ。　２００６

歴史・思想

ロシア宗教思想史

御子柴道夫著

四六判上製
304頁
2500円
978-4-915730-37-5

神を論じることは人間を論じること、神を信じることは人間を信じること。ロシア正教一千年の歴史のなかで伝統として蓄積され、今なおその底流に生き続ける思想とはなにか。ビザンチン、ヨーロッパ、ロシアの原資料を渉猟し、対話することで、その思想の本質に迫る。　2003

歴史・思想

ロシア革命と亡命思想家

1900―1946

御子柴道夫編

A5判上製
432頁
4000円
978-4-915730-53-5

革命と戦争の時代を生きたロシアの思想家たちが、その雰囲気を語り、その社会に訴えかけた諸論文を紹介する。その背後には、激しい時代の奔流の中で何かを求めて耳傾けている切迫した顔の聴衆が見える。時代を概観できる詳細な年表、各論文の丁寧な解題を付す。　2006

歴史・文学

原典によるロシア文学への招待

古代からゴーゴリまで

川崎隆司著

四六判上製
336頁
3200円
978-4-915730-70-2

古代から近代までのロシア文学・思想を、その特異な歴史的背景を解説しながら、それぞれの代表的作品の原典を通して紹介。文学を理解するために一番大切なことはなによりも原典を読むことであるとする著者が、独自の視点で描く。　2008

歴史・文学

近代ロシア文学の成立と西欧

白倉克文著

四六判上製
256頁
3000円
978-4-915730-28-3

カラムジン、ジュコフスキー、プーシキン、ゴーゴリ。ロシア文学の基礎をなし、世界的現象にまで高めたかれらは、いかにして西欧と接し、どのようなものを享受したのか。西欧世界の摂取を通じ、近代の相克そのものを体験せねばならなかったロシアを微細に描きだす。　2001

歴史・文学

ラジーシチェフからチェーホフへ

ロシア文化の人間性

白倉克文著

四六判上製
400頁
4000円
978-4-915730-84-9

十八世紀から二十世紀にかけてのロシア文化が、思想・文学を中心に据えて、絵画や音楽も絡めながら、複合的・重層的に紹介される。そこに通底する身近な者への愛、弱者との共感という感情、そうした人間への眼差しを検証していく。　2011

歴史・文学

ロシア出版文化史

十八世紀の印刷業と知識人

ゲーリー・マーカー著　白倉克文訳

A5判上製
400頁
4800円
978-4-86520-007-2

近代ロシアの出版業はピョートル大帝の主導で端緒が開かれ、十八世紀末には全盛期を迎えた。この百年間で出版業の担い手は次々に移り変わったが、著者はその紆余曲折を、政治・宗教・教育との関係のなかに丹念に検証していく。特異で興味深いロシア社会史。　2014

歴史・文学

M・プリーシヴィン著　太田正一訳

森と水と日の照る夜

セーヴェル民俗紀行

A5変上製
320頁
3107円
978-4-915730-14-6

知られざる大地セーヴェル。その魂の水辺に暮らすのは、泣き女、呪術師、隠者、分離派、世捨て人、そして多くの名もなき人びと…。実存の人、ロシアの自然の歌い手が白夜に記す「愕かざる鳥たちの国」の民俗誌。一九〇六年夏、それは北の原郷への旅から始まった。　1996

自然・文学

M・プリーシヴィン著　太田正一編訳

プリーシヴィンの森の手帖

四六判上製
208頁
2000円
978-4-915730-73-3

ロシアの自然のただ中にいた！　生きとし生けるものをひたすら観察し洞察し表現し、そのなかに自らと同根同種の血を感受する歓び、優しさ、またその厳しさ。生の個性の面白さをとことん愉しみ、また生の孤独の豊かさを味わい尽くす珠玉の掌編。　2009

歴史・民俗

中堀正洋著

ロシア民衆挽歌

セーヴェルの葬礼泣き歌

四六判上製
288頁
2800円
978-4-915730-77-1

世界的に見られる葬礼泣き歌を十九世紀ロシアに検証する。天才的泣き女と謳われたフェドソーヴァの泣き歌を中心に、時代とセーヴェル（ロシア北部地方）という特殊な地域の民間伝承、民俗資料を用い、当時の民衆の諸観念と泣き歌との関連を考察していく。　2010

歴史・文学

中村喜和編

イワンのくらし いまむかし

ロシア民衆の世界

四六判上製
272頁
2718円
978-4-915730-09-2

ロシアで「ナロード」と呼ばれる一般の民衆＝イワンたちはどんな生活をしているだろうか？「昔ばなし」「日々のくらし」「人ともの」「植物誌」「旅の記録」。五つの日常生活の視点によってまとめられた記録、論稿が、ロシア民衆の世界を浮かび上がらせる。　1994

文学

V・ベローフ著　中村喜和訳

村の生きものたち

B6判上製
160頁
1500円
978-4-915730-19-1

ひとりで郵便配達をした馬、もらわれていった仔犬に乳をやりにいく母犬、屋根に登ったヤギのこと……。「魚釣りがとりもつ縁」で北ロシアの農村に暮らす動物好きのフェージャと知り合った「私」が、村のさまざまな動物たちの姿を見つめて描く詩情豊かなスケッチ集。　1997

文学

大森雅子著

時空間を打破する　ミハイル・ブルガーコフ論

A５判上製
４４８頁
７５００円
978-4-86520-010-2

20世紀ロシア文学を代表する作家の新たな像の構築を試みる。代表作に共通するモチーフやテーマが、当時のソ連の社会、文化の中でどのように形成され、初期作品から生涯最後の長篇小説『巨匠とマルガリータ』にいかに結実していったのかを明らかにする。　２０１４

文学

S・ドヴラートフ著　沼野充義訳

わが家の人びと

ドヴラートフ家年代記

四六判上製
２２４頁
２２００円
978-4-915730-20-7

祖父達の逸話に始まり、ドヴラートフ家の多彩な人々の姿を鮮やかに描きながら、アメリカに亡命した作者に息子が生まれるまで、四代にわたる年代記が繰り広げられる。その語りは軽やかで、ユーモアに満ち、どこまで本当か分からないホラ話の呼吸で進んでいく。　１９９７

文学

S・ドヴラートフ著　ペトロフ＝守屋愛訳　沼野充義解説

かばん

四六判上製
２２４頁
２２００円
978-4-915730-27-6

ソ連からアメリカへ旅行鞄一つで亡命したドヴラートフ。彼がそのかばんをニューヨークで開いたとき、そこに見出したのは、底の抜けた陽気さと温かさ、それでいてちょっぴり悲しいソビエトでの思い出の数々だった。独特のユーモアとアイロニーの作家、本邦第二弾。　２０００

文学

竹内恵子著

廃墟のテクスト

亡命詩人ヨシフ・ブロツキイと現代

四六判上製
３３６頁
３４００円
978-4-915730-96-2

ソ連とアメリカ、東西陣営の両端から現代社会をアイロニカルに観察するという経験こそ、戦後の文化的廃墟から出発した彼を世界的詩人へと押し上げていく。ノーベル賞詩人の遺したテクストを読み解く本邦初の本格的研究。「極上の講義を受けている気分」（管啓次郎氏）。　２０１３

歴史・文学

高橋誠一郎著

ロシアの近代化と若きドストエフスキー

「祖国戦争」からクリミア戦争へ

四六判上製
２７２頁
２６００円
978-4-915730-59-7

祖国戦争から十数年をへて始まりクリミア戦争の時期まで続いたニコライ一世（在位一八二五―五五年）の「暗黒の三〇年」。父親との確執、そして初期作品を詳しく分析することで、ドストエフスキーが「人間の謎」にどのように迫ったのかを明らかにする。　２００７

歴史・文学

高橋誠一郎著

黒澤明で「白痴」を読み解く

四六判上製
３５２頁
２８００円
978-4-915730-86-3

「白痴」の方法や意義を深く理解していた黒澤映画を通し、登場人物の関係に注目しつつ「白痴」を具体的に読み直す――。ロシアの「キリスト公爵」とされる主人公ムィシキンの謎に迫るだけでなく、その現代的な意義をも明らかにしていく。　２０１１

歴史・文学

高橋誠一郎著

黒澤明と小林秀雄

「罪と罰」をめぐる静かなる決闘

四六判上製
304頁
2500円
978-4-86520-005-8

一九五六年十二月、黒澤明と小林秀雄は対談を行ったが、残念ながらその記事が掲載されなかったため、詳細は分かっていない。共にドストエフスキーにこだわり続けた両雄の思考遍歴をたどり、その時代背景を探ることで「対談」の謎に迫る。 2014

文学

長瀬隆著

ドストエフスキーとは何か

四六判上製
448頁
4200円
978-4-915730-67-2

全作品を解明する鍵ドヴォイニーク（二重人、分身）は両義性を有する非合理的な言葉である。唯一絶対神を有りとする非合理な精神はこの一語の存在と深く結びついている。ドストエフスキーの偉大さはこの問題にこだわり、それを究極まで追及したことにある。 2008

文学

木下豊房著

近代日本文学とドストエフスキー

夢と自意識のドラマ

四六判上製
336頁
3301円
978-4-915730-05-4

二×二が四は死の始まりだ。近代合理主義への抵抗と、夢想、空想、自意識のはざまでの葛藤。ポリフォニックに乱舞し、苦悩するドストエフスキーの子供たち。近代日本の作家、詩人に潜在する「ドストエフスキー的問題」に光を当て、創作意識と方法の本質に迫る。 1993

文学

木下豊房著

ドストエフスキー その対話的世界

四六判上製
368頁
3600円
978-4-915730-33-7

現代に生きるドストエフスキー文学の本質を作家の対話的人間観と創作方法の接点から論じる。ロシアと日本の研究史の水脈を踏まえ、創作理念の独創性とその深さに光をあてる。国際化する研究のなかでの成果。他に、興味深いエッセイ多数。 2002

文学

木下宣子著

ロシアの冠毛

A5判上製
112頁
1800円
978-4-915730-43-6

著者は二十世紀末の転換期のロシアを三度にわたって訪問。日本人として、日本の女性として、ロシアをうたった。そこに一貫して流れるのは、混迷する現代ロシアの身近な現実を通して、その行く末を温かく見つめようとする詩人の魂である。精霊に導かれた幻景の旅の詩。 2003

歴史・芸術

近藤昌夫、渡辺聡子、角伸明、大平美智代、加藤純子著

イメージのポルカ

スラヴの視覚芸術

A5判上製
272頁
2800円
978-4-915730-68-9

聖像画イコン、シャガール、カンディンスキーの絵画、ノルシュテイン、シュヴァンクマイエルのアニメ、ペトルーシュカやカシュパーレクなどの喜劇人形——聖と俗の様々な視覚芸術を触媒に、スラヴ世界の共通性とともに民族の個性を追い求める6編を収録。 2008

文学

新編 ヴィーナスの腕

J・サイフェルト詩集 飯島周訳

四六変上製
160頁
1600円
978-4-915730-26-9

詩人の全作品を通じて流れるのは『この世の美しきものすべて』、特に女性の美しさと自由に対するあこがれ、愛と死の織りなす人世模様や不条理を、日常的な言葉で表現しようとする努力である。ノーベル文学賞を受賞したチェコの国民的詩人の本領を伝える新編選集。 2000

文学

チェスワフ・ミウォシュ詩集

関口時正・沼野充義編

四六判上製
208頁
2000円
978-4-915730-87-0

ポーランドで自主管理労組《連帯》の活動が盛り上がりを見せる一九八〇年、亡命先のアメリカでノーベル文学賞を受賞し、一躍世界に名を知られることとなったチェスワフ・ミウォシュ。かれの生誕百年を記念して編まれた訳詩集。 2011

文学

ポケットのなかの東欧文学

ルネッサンスから現代まで

飯島周、小原雅俊編

四六判上製
560頁
5000円
978-4-915730-56-6

隠れた原石が放つもうひとつのヨーロッパの息吹。49人の著者による詩、小説、エッセイを一堂に集めたアンソロジー。目を閉じてページをめくると、そこは、どこか懐かしい、それでいて新しい世界。ポケットから語りかける、知られざる名作がここにある。 2006

芸術・文学

ブルーノ・シュルツの世界

加藤有子編

A5判上製
252頁
3000円
978-4-86520-001-0

シュルツの小説は、現在四〇ちかくの言語に訳され、世界各地で作家や芸術家にインスピレーションを与えている。そのかれは画業も残した。かれのガラス版画、油彩を収録するほか、作品の翻案と翻訳、作品が各所に与えた影響を論じるエッセイ、論考を集める。 2013

歴史・文学

バッカナリア 酒と文学の饗宴

沓掛良彦・阿部賢一編

四六判上製
384頁
3000円
978-4-915730-90-0

「酒」を愛し、世界の「文学」に通じた十二名の論考による「饗宴」。世界各地の文学作品で言及される酒を、縦横に読解していく。盃を片手に、さらなる読書へと誘うブックガイドも収録。酒を愛し、詩と小説を愛するすべての人に捧げる。 2012

文学

プラハ

ペトル・クラール著　阿部賢一訳

四六判上製
208頁
2000円
978-4-915730-55-9

パリへ亡命した詩人が、故郷プラハを追憶するとき、かつてない都市の姿が浮かび上がってくる。さりげない街の光景に、詩人は、いにしえの都市が発するメッセージを読み取っていく。夢想と現実を行き来しながら、百塔の都プラハの魅力を伝えてくれる珠玉のエッセイ。　2006

歴史・文学

プラハ　カフカの街

エマヌエル・フリンタ著　ヤン・ルカス写真　阿部賢一訳

菊判上製
192頁
2400円
978-4-915730-64-1

プラハ生まれのドイツ語作家フランツ・カフカ。彼のテクストに刻印された都市を、世紀末プラハを知悉する批評家エマヌエル・フリンタが解読していく。世紀転換期における都市の社会・文化的位相の解読を試みる画期的論考。写真家ヤン・ルカスによる写真を多数収録。　2008

芸術・文学

イジー・コラーシュの詩学

阿部賢一著

A5判上製
452頁
8400円
978-4-915730-51-1

チェコに生まれたイジー・コラーシュは「コラージュ」の詩人である。かれはコラージュという芸術手法を造形芸術のみならず、言語芸術においても考察し、体系的に検討した。ファシズムとスターリニズムの時代を生きねばならなかった芸術家の詩学の全貌。　2006

文学

古いシルクハットから出た話

アヴィグドル・ダガン著　阿部賢一他訳

四六判上製
176頁
1600円
978-4-915730-63-4

世界各地を転々とした外交官が〈古いシルクハット〉を回すとき、都市の記憶が数々の逸話とともに想い起こされる。様々な都市と様々な人間模様——。プラハに育ち、イスラエルの外交官として活躍したチェコ語作家アヴィグドル・ダガンが綴る晩年の代表的な短編集。　2008

文学

イヴァン・ツァンカル作品選

イヴァン・ゴドレール、佐々木とも子訳　鈴木啓世画

四六判上製
176頁
1600円
978-4-915730-65-8

四十年間働き続けたあなたの物語——労働と刻苦の末、いまや安らかな老後を迎えるばかりのひとりの農夫。しかし彼の目の前に突き出されたのはあまりにも意外な報酬だった。スロヴェニア文学の巨匠が描く豊かな抒情性と鋭い批判精神に満ちた代表作他一編。　2008

文学

慈悲の聖母病棟

イヴァン・ツァンカル著　佐々木とも子、イヴァン・ゴドレール訳　鈴木啓世画

四六判上製
208頁
2000円
978-4-915730-89-4

町を見下ろす丘の上に佇む慈悲の聖母会修道院——その附属病棟の一室に十四人の少女たちがベッドを並べている。丘の下の俗世を逃れたアルカディアのような世界で四季は夢見るように移り変わり、少女たちの静謐な日々が流れていくが……。　2011

文学

工藤左千夫著

新版 ファンタジー文学の世界へ

主観の哲学のために

四六判上製
160頁
1600円
978-4-915730-42-9

ファンタジーは現代への警鐘の文学であるとする著者が、J・R・R・トールキン、C・S・ルイス、フィリパ・ピアス、神沢利子、M・エンデ、ブロイスラー、宮沢賢治、ル・グウィンなどの東西の著名な作品を読み解き、そのなかで、主観の哲学獲得のための糸口を探る。　2003

文学

工藤左千夫著

すてきな絵本にであえたら

絵本児童文学基礎講座Ｉ

四六判並製
192頁
1600円
978-4-915730-46-7

小樽の絵本・児童文学研究センターで長年にわたって開講され、好評を得ている基礎講座の待望の活字化。第一巻の本巻は、就学前の児童にどのような絵本を、どのように読み聞かせたらよいのかを解説する。母親が子どもと一緒に学んでいくための必携、必読の書。　2004

文学

工藤左千夫著

本とすてきにであえたら

絵本児童文学基礎講座II

四六判並製
200頁
1600円
978-4-915730-66-5

絵本・児童文学研究センター基礎講座の第二弾。本巻は、就学後の児童にどのような本を与えたらよいのかを解説する。情操の必要性、第二次反抗期と秘密、社会性の意味、自尊の必要性など、子どもの成長に合わせ、そして自己実現へ向けた本との出会いを考えていく。　2008

文学

工藤直子、斎藤惇夫、藤田のぼる、工藤左千夫、中澤千磨夫著

だから子どもの本が好き

四六判上製
176頁
1600円
978-4-915730-61-0

私は何故子どもの本が好きか、何故子どもと子どもの本にかかわるのか、子どもの本とは何か——。五人の著者たちが、多くの聴衆を前に、この難問に悪戦苦闘し、それぞれの立場、それぞれの方法で、だから子どもの本が好き！、と答えようとした記録。　2007

文学

南裕介著

シベリアから還ってきたスパイ

四六判上製
340頁
1600円
978-4-915730-50-4

敗戦後シベリアに抑留され、ソ連によってスパイに仕立てられた日本人。帰国したかれらを追う米進駐軍の諜報機関、その諜報機関の爆破を企む反米過激派組織。戦後まもなく日本で起きたスパイ事件をもとに、敗戦後の日本の挫折と復活というテーマを独自のタッチで描く。　2005

国際理解

横浜国立大学留学生センター編

国際日本学入門

トランスナショナルへの12章

四六判上製
232頁
2200円
978-4-915730-72-6

横浜国立大学で六十数カ国の留学生と日本人学生がともに受講することのできる「国際理解」科目の人気講義をもとに執筆された論文集。対峙する複数の目＝「鏡」に映り、照らし合う認識。それが相互に作用し合う形で、「日本」を考える。

2009

哲学

佐藤正衞著

素朴に生きる

大森荘蔵の哲学と人類の道

四六判上製
256頁
2400円
978-4-915730-74-0

大森哲学の地平から生を問う！　戦後わが国の最高の知性の一人である大森荘蔵と正面からとり組んだ初めての書。大森が哲学的に明らかにした人間経験の根本的事実を、人類の発生とともに古い歴史をもつ狩猟採集文化の時代にまでさかのぼって検証する。

2009

歴史・思想

石川達夫著

マサリクとチェコの精神

アイデンティティと自律性を求めて

A5判上製
310頁
3800円
978-4-915730-10-8

マサリクの思想が養分を吸い取り、根を下ろす土壌となったチェコの精神史とはいかなるものであり、彼はそれをいかに見て何を汲み取ったのか？　宗教改革から現代までのチェコ精神史をマサリクの思想を織糸として読み解く。サントリー学芸賞・木村彰一賞同時受賞。　1995

歴史・文学

カレル・チャペック著　石川達夫訳

マサリクとの対話

哲人大統領の生涯と思想

A5判上製
344頁
3800円
978-4-915730-03-0

チェコスロヴァキアを建国させ、両大戦間の時代に奇跡的な繁栄と民主主義を現出させた哲人大統領の生涯と思想を、「ロボット」の造語で知られるチャペックが描いた大ベストセラー。伝記文学の傑作として名高い原著に、詳細な訳注をつけ初訳。各紙誌絶賛。　1993

チャペック小説選集

珠玉の作品を選んで編んだ本邦初の小説集

……【全6巻】

子どもの頃に出会って、生涯忘れることのない作家。今なお世界中で読み継がれている、チェコが生んだ最高の才人。そして「ロボット」の造語で知られるカレル・チャペック。文学史上名高い哲学三部作を含む珠玉の作品を選んで、作家の本領を伝える。

文学

① 受難像

K・チャペック著　石川達夫訳

四六判上製
２００頁
１９４２円
978-4-915730-13-9

人間が出会う、謎めいた現実。その前に立たされた人間の当惑、真実を探りつつもつかめない人間の苦悩を描いた１３編の哲学的・幻想的短編集。真実とは何か、人間はいかにして真実に至りうるかというテーマを追求した、実験的な傑作。

１９９５

文学

② 苦悩に満ちた物語

K・チャペック著　石川達夫訳

四六判上製
１８４頁
１９４２円
978-4-915730-17-7

妻の不貞の結果生まれた娘を心底愛していた父は笑われるべきか？　外的な状況からはつかめない人間の内的な真実や、ジレンマに立たされ、相対的な真実の中で決定的な決断を下せない人間の苦悩などを描いた９編の中短編集。

１９９６

文学

③ ホルドゥバル

K・チャペック著　飯島周訳

四六判上製
２１６頁
２１３６円
978-4-915730-11-5

アメリカでの出稼ぎから帰ってくると、家には若い男が住み込んでいて、妻も娘もよそよそしい……。献身的な愛に生きて悲劇的な最期を遂げた男の運命を描きながら、真実の測り難さと認識の多様性というテーマを展開した３部作の第１作。

１９９５

文学

④ 流れ星

K・チャペック著　飯島周訳

四六判上製
２２８頁
２２３３円
978-4-915730-15-3

飛行機事故のために瀕死の状態で病院に運び込まれた身元不明の患者Ｘ。看護婦、超能力者、詩人それぞれがこの男の人生を推理し、様々な展開をもつ物語とする。一人の人間の運命を多角的に捉えようとした作品であり、３部作の第２作。

１９９６

文学

⑤ 平凡な人生

K・チャペック著　飯島周訳

四六判上製
２２４頁
２３００円
978-4-915730-21-4

「平凡な人間の一生も記録されるべきだ」と考えた一人の男の自伝。その記録をもとに試みられる人生の様々な岐路での選択の可能性の検証。３部作の最後の作品であり、哲学的な相対性と、それに基づく人間理解の可能性の認知に至る。

１９９７

文学

⑥ 外典

K・チャペック著　石川達夫訳

四六判上製
２４０頁
２４００円
978-4-915730-22-1

聖書、神話、古典文学、史実などに題材をとり、見逃されていた現実を明るみに出そうとするアイロニーとウィットに満ちた２９編の短編集。絶対的な真実の強制と現実の一面的な理解に対して、各人の真実の相対性と現実の多面性を示す。

１９９７

書名索引

＊は現在品切れです。